Secretos para Conquistar a una Mujer

¿SABEN CONQUISTAR MUJERES?

CON ESTOS SECRETOS CONQUISTARÁS A MUJERES DE UNA MANERA ÁGIL Y SEGURA.

¡ESTE MANUAL TE ENSEÑARÁ CÓMO LOGRARLO!

¡EMPIEZA YA!

ELMER LUCIANO
"EL RISUEÑO"

Reservados todos los derechos. No se permite la reproducción total o parcial de esta obra, ni su incorporación a un sistema informático, ni su transmisión en cualquier forma o por cualquier medio (electrónico, mecánico, fotocopia, grabación u otros) sin autorización previa y por escrito de los titulares del copyright. La infracción de dichos derechos puede constituir un delito contra la propiedad intelectual.

El contenido de esta obra es responsabilidad del autor y no refleja necesariamente las opiniones de la casa editora. Todas las imágenes fueron proporcionadas por el autor, quien es el único responsable por los derechos de las mismas.

Publicado por Ibukku
www.ibukku.com
Diseño y maquetación: Índigo Estudio Gráfico
Copyright © 2019 Elmer Luciano "El Risueño"
facebook: secretos para conquistar a una mujer
ISBN Paperback: 978-1-64086-493-1
ISBN eBook: 978-1-64086-494-8

ÍNDICE

Dedicatoria	5
PRÓLOGO	7
INTRODUCCIÓN	9
CAPÍTULO I: PRIMERA LECCIÓN	23
1.1. PRINCIPIOS	24
1.2. VALORES	25
CAPÍTULO II: HÁBITOS OBLIGATORIOS PARA TRIUNFAR	29
2.1. HÁBITOS POSITIVOS	31
2.2. HÁBITOS NEGATIVOS	33
CAPÍTULO III: ALIMENTACIÓN, EJERCICIOS FÍSICOS Y MENTALES	39
3.1. ALIMENTARNOS SANAMENTE	39
3.3 EJERCICIOS MENTALES	44
CAPÍTULO IV: APRENDIENDO A BAILAR	47
CAPÍTULO V: CULTIVAR LA BUENA LECTURA	51
5.1. LECTURAS PARA TENER TEMAS DE CONVERSACIÓN:	51
5.2 RECOMENDACIONES: SEMANALMENTE LEAN UN LIBRO, PODRIA SER DE LOS SIGUIENTES AUTORES	52
CAPÍTULO VI: DOMINAR LA ORATORIA Y LA MIRADA PEFECTA	55
6.1 PRACTICAS DE ORATORIA	55
6.2 EJERCICIOS DE ELEMENTOS DE ORATORIA	56
6.3 LA MIRADA PERFECTA	56
CAPÍTULO SÉPTIMO: TIPOS DE IDENTIDAD	59
7.1 FORMARSE PARA IDENTIFICAR LAS IDENTIDADES DE LAS MUJERES:	59
CAPÍTULO VIII: PERFECCIONAR EL TRATO, ESPECIALMENTE CON LAS MUJERES	67
8.1 COMO MEJORAR EL TRATO	67
8.2 COMO TRATAR A LAS MUJERES.	68
CAPÍTULO NOVENO: CULTIVAR UN DISTINTIVO ESENCIAL	71
9.1 INSTRUIRSE PARA SER SOCIABLES Y ATRAER LA ATENCIÓN DE ELLAS	71
9.2 EL CARISMA UN IMÁN QUE LOGRARÁ CAUTIVAR A ELLAS	71
9.3 COSAS QUE LES GUSTA A LAS MUJERES DE LOS HOMBRES	75

CAPÍTULO DÉCIMO: VOLVERSE EXPERTO EN IDENTIFICAR SEÑALES DE ALERTA	77
CAPITULO DÉCIMO PRIMERO: LOS SECRETOS DE ENAMORAR	79
11.1 APRENDIENDO LOS SECRETOS DE ENAMORAR:	79
CAPÍTULO DÉCIMO SEGUNDO: FORTALECER EL AUTOCONTROL	89
CAPÍTULO DÉCIMO TERCERO: REFORZANDO LAS LECCIONES APRENDIDAS	91
13.1 PRÁCTICAS Y/O EXPERIENCIAS DE FE	91
13.2 PRÁCTICAS Y/O EXPERIENCIAS DE LEO	93
CAPÍTULO DÉCIMO CUARTO: RESULTADOS DE LO APRENDIDO	101
14.1 NUEVA IMAGEN QUE LOS DISTINGUE DE LOS DEMÁS	101
14.2 DESENLACE DE FE, LEO Y ALESSIA:	102
ANEXOS	105

Dedicatoria

A mis queridísimos hijos, en un afán de acercarme a ellos, adolescentes que no tuve la suerte de verlos crecer junto a mí.

Con este manual espero lograr que, antes de pasar a su siguiente etapa de vida, se me acerquen para orientarles con amor.

A todos los adolescentes del mundo, que sirva este libro para orientarlos en su formación para alcanzar su desarrollo personal, con una identidad original y brillante; que a su vez les asegure el éxito personal.

PRÓLOGO

En su primera edición, este libro del género literario conocido como Auto Ayuda Personal, viene a cubrir un gran vacío en la etapa de la adolescencia que media entre los 12 y 24 años.

Recuerdo que en mi etapa de adolescente, no tuve la asistencia, conducción, ni asesoría de ningún miembro de mi familia, ni de mis amistades. Tampoco supe de algún libro como el presente, *Secretos para Conquistar a una Mujer*, donde poder encontrar, de una manera sencilla, practica y casi completa, las herramientas, consejos, orientación e información complementaria, que prepare a los adolescentes, después de darle los fundamentos teóricos prácticos, para conseguir de manera planificada y programada sus objetivos y metas en todos los campos de la vida.

Las enseñanzas que se presentan aquí, son científicas, porque han sido aplicadas y comprobadas con resultados exitosos en el campo de la conquista a una mujer, en el amor, los estudios, el trabajo, la realización proyectos y todos los campos de una persona sin interesar la edad, género, color, religión o país.

En el tema de identidades se esta aportando al campo de la psicología, ya que se está ampliando y poniendo nombres propios a 28 tipos de identidades de mujeres.

Igualmente, se está poniendo a disposición de los varones de 12 secretos o métodos de enamorar, todos ellos comprobados científicamente, los cuales marcaran, después de la lectura y aplicación de este libro, cambios sustanciales en el comportamiento y cuidado de las féminas.

Espero que su lectura sea de vuestro agrado y provecho.

Gracias por su preferencia.

"EL RISUEÑO"

INTRODUCCIÓN

La gran ciudad de Bagua estaba en pleno desconcierto. En el residían un grupo de adolescentes que inquietos se encaminaban a ser nuevos ciudadanos. Adal estaba cerca de los 19 años y poseía una personalidad impresionante; desde que aparecía en algún lugar las féminas volvían sus miradas inquietas hacia tan atractivo adolescente. Se había ganado la fama de ser un gran "conquistador de mujeres". Había sido criado por su madre y su padrastro, pues a su padre no lo había conocido, solo sabía que era de buena familia, de buen nivel profesional y económico. Él se había jurado muchas veces que llegaría a ser mejor que su padre, que nunca estuvo a su lado; y su madre lo amaba tanto que le permitía todos sus gustos y ocurrencias.

Tenía muchas habilidades innatas, dominaba varios juegos y destacaba en ellos, muy amigable con todos, claro que su forma de ser, para algunos no les simpatizaba. Sin embargo, eran suficientes sus amigos para que en cualquier circunstancia le ayudaran a salir de muchos apuros. Así creció en medio de ese ambiente; participaba en diferentes actividades públicas, había perdido la vergüenza de mostrarse ante los demás, mientras que para la gran mayoría de sus amigos adolescentes les resultaba difícil hacerlo. Allí era donde destacaba y acompañaba a sus cualidades ese carácter extrovertido.

En su inmensa casa le gustaba practicar el canto, y de verdad que no lo hacía nada mal, tenia un timbre alto y melodioso. Al darse cuenta de este don, empezó a aprender y practicar muchas melodías, hasta que un día, para el aniversario de su ex colegio, se inscribió en el grupo que saldría a actuar, interpretando la canción que estaba de moda por entonces. Hubieron muchos participantes, hasta que le tocó su turno y, encomendándose a Dios, con la fe que algún día brillaría con luz propia.

Se imaginaba que, al enterarse su padre de sus logros, se arrepentiría de no haber estado cerca de él, aunque sea solo para darle su cariño y sus consejos. Ahora él tenia otra familia, bien constituida, con sus medios hermanos, a quienes sí dió todo el apoyo que a él se lo negó. Felizmente, su madre con su padrastro se esmeraron en facilitarle las cosas para que todo le vaya bien. Con esa gran fuerza, bien vestido, pues era muy simpático, salió al escenario, seguro de sí mismo.

El maestro de ceremonia lo anuncio: "Ahora en el escenario tenemos a Adal, ex alumno de este colegio, quien nos interpretara la canción de Sebastian Yatra, ¡No se vivir sin tiiii!". Entonces, las chicas a las cuales les gustaba, chillaron y sus amigos lo aplaudieron, empezando a interpretar esa melodía. Lo hizo tan bien, que los asistentes sintieron que estaban ante un nuevo gran interprete y que era ex alumno del colegio donde estudiaban sus hijos y hermanos, de su barrio.

Al terminar de cantar, lo aplaudieron tanto que quiso dejar escapar sus lágrimas, pero se dijo: "me contendré, es el comienzo, tendré que avanzar mucho más. Seguiré ensayando, para llegar a ser algún día un gran artista". Por eso, la mayoría del público le había reconocido su talento.

Desde aquel día, en cada reunión social que había, lo invitaban a cantar y muy alegre aceptaba, dándose cuenta que muchos de sus resultados lo estaba consiguiendo gracias a sus aptitudes, habilidades, ayudado por la lectura de libros de buenos autores y de consejos sabios de algunos amigos que frecuentaba.

El Profesor Adal   Federico o Fe

Federico (Fe), tenía 17 años, vivía en casa con su madre, tenía dos hermanas de padre y madre, su padre llegaba a visitarlo cada cierto tiempo. Lo quería tanto ya que se parecía a él, muy poco a su madre, pero esta la criaba con cierta disciplina, lo había adiestrado y educado de cierta manera para inculcarle buenos principios y valores. No degustaba ni comía nada en la calle, si quería algo su madre le había dicho que lo podía tomar de su tienda, y sabia muy en el fondo que él llegaría a ser alguien sobresaliente. Aunque tenía un desenvolvimiento torpe, su risa era desagradable y se expresaba con gestos toscos, lo que a las chicas no les gustaba. Notaba que no sabía cómo comportarse, no era muy atractivo, pero tenia ciertas cualidades que solo lo sabrían si lo trataban más a fondo, como el ser aseado y disciplinado y no acostumbraba a estar con malas juntas. Pero se sentía solo, pues en su casa contaba tan solo con sus mascotas y perros de raza que le compraban.

Hasta que un día llegó al barrio a vivir Leonardo (Leo), adolescente proveniente de una urbanización de la gran Lima.

Iba a cumplir 17 años, de familia muy cuidadosa y refinada, era bien parecido, había sacado su físico a su abuela, una mujer muy hermosa al igual que su madre. Leo vivió desde los cuatro años hasta los diez años con sus hermanos, ya que sus padres habían estado separados, hacia unos cinco años vivía con su padre. Un día cansado de la intolerancia de sus hermanas se escapó de casa y por casualidad generó el motivo para que ellos, después de tanto tiempo separados, se volvieran a amistar y decidieran volver a vivir juntos en la casa de la abuela, que ocupaban en esa nueva ciudad.

Leo estaba contento de tener a sus padres juntos, recién empezó a ser orientado por su madre, cometía muchos errores en su desarrollo, producto de padres separados y no tener quien le guie y apoye. Ella la observaba y orientaba con ejemplos, y él aprendía rápido; era estudioso, disciplinado, desde niño cuando tuvo a su primer amor, una niña igual que él, de 7 añitos.

Mientras este era entretenido por el dueño de una tienda, a la niña Amparito le gustaba mirarlo, y para lograrlo a cada rato pedía a sus padres que le den propina para ir a comprar caramelos y verlo cerca, el gancioso al final era el dueño de la tienda. Hasta que un día se preguntó porque ella todos los días le ponían una ropa tan bonita y diferente a los demás niños para ir al colegio. El comerciante le explico, que era porque ella estudiaba en un colegio privado, y Leo– se dijo muy en el fondo de si "¿Por qué ella puede vestir así e ir a un colegio especial y yo ni siquiera estudio"

Es cierto que era el producto de padres separados, pero desde ese momento pensó: "A mí no me falta nada que no tuviesen esos niños con ropa especial". Y se juró que algún día sería tan igual o mejor que ellos, pues desde niño nunca se sintió menos que los demás. Al igual que Fe estaba en la etapa de la adolescencia, con muchas dudas, inquietos por las chicas, que los impacientaban, pero jamás descuidaban sus estudios.

Leonardo o Leo   John

En ese distrito vivía también, en una hermosa casa de tres pisos, John "El Creído", un joven de 17 años que recién había acabado la secundaria. Sus padres eran arequipeños, con buena fama y además tenían un buen ingreso familiar que les satisfacía la mayoría de sus gustos. John tenía una motocicleta último modelo, ropa fina de marca, salía con sus amigos a lugares privados, incluso tenía una buena propina en su billetera de cuero legítimo.

Andaba siempre bien perfumado, no era un adonis pero su apariencia le hacía lucirse bien, no sabía qué carrera seguir, por el momento solo le interesaba divertirse con sus amigos y conquistar chicas. A sus padres les preocupaba que aun no se decidiera por seguir alguna profesión, pero aceptaban que tendrían que darle un tiempo hasta que en algún momento se animara por alguna de ellas. Además, no se reunía con sus vecinos pues había estudiado en colegios privados de gran prestigio, ubicados en lugares exclusivos de la ciudad de Chiclayo.

En todo este grupo había algo común: Los escasos lugares donde podían ir los adolescentes para distraerse eran la plaza mayor y la iglesia que los domingos acudían. En las noches al igual que ellos, las chibolas de 14 años a más, se arreglaban esmeradamente, poniéndose bonitas, acudían a misa y a la salida de la casa de Dios y la plaza mayor, tenían la oportunidad de conocerse en las reuniones parroquiales.

Alessia "La Ingenua", era una adolescente cerca a los 17 años, muy bonita, se dedicaba a sacar buenas notas, fue criada para ser una princesa, su madre la había acostumbrado a asistir a la iglesia y que cuando cumpliera sus dieciocho añitos, le prometieron que le darían mayor libertad con menos control. Ella acostumbraba a encontrarse con sus amigas y al concluir la misa salían a dar vueltas por la plaza mayor, o a tomar algo mientras conversaban mucho, hasta que se cansaban y cada una regresaba a su hogar.

Es en este contexto y con estos personajes que transcurre este relato, como fruto de la experiencia y anhelos de estos muchachos, nace como un "Manual de auto ayuda personal" denominado *"Secretos para Conquistar a una Mujer"*.

Leo, por la amistad con la familia de Adal se llegan a conocer, pues su padrastro era de la misma ciudad de sus padres. Son presentados y Leo ve como se desenvuelve Adal, sus padres alababan su comportamiento, le hacían notar sus modales tan finos para tratar a todos. Desde ese día nacería una gran amistad entre ellos.

Por su parte, Fe vivía frente a la casa de Adal, pero no se juntaba con los demás adolescentes de su calle, hasta que un día por casualidad se conoce con Leo, y se vuelven grandes amigos, solían reunirse en la casa de Fe, donde conversaban de todo, estaban en la etapa de las dudas, misterios, de problemas familiares sin resolver, de la consolidación de su identidad y personalidad.

Todo se desenvolvía normalmente con los problemas comunes y frecuentes de adolescentes hasta que llego a esa ciudad Alessia, quien despertó en ellos el deseo ardiente que les inquietaba su sexualidad en flor.

Alessia

Paseando

Estos adolescentes, que acostumbraban estar en el interior de la casa de Fe, tuvieron un cambio de actitud al tan solo al verla pasar frente a ellos, fue motivo para que decidieran desde ese día salir a conversar en su puerta, lugar por donde esta chica preciosa pasaba dos o tres veces en las tardes. Se sentían satisfechos con su presencia tan distante; y, cuando ella sonreía al notar que la miraban, se sentían en la misma gloria.

Un día como cualquier otro John, al pasar en su brillante motocicleta, cuando esperaba cruzar la pista de repente se aparece Alessia, y este ni corto ni perezoso le lanzo un cumplido "Dime donde para perdernos juntos" lo cual esta sonrió y a la vez su sonrojo hizo resplandecer tan lindo rostro que todos los que estaban observándola se sintieron sorprendidos. John se dijo en su interior "¡esta chibola será míaaa!".

    Desde ese momento empezó a tramar la forma de acercarse a ella, siguiéndola sin que se diera cuenta, averiguaba donde vivía, frecuentaba los lugares donde aparecía, enterándose que todos los domingos por las noches acudía religiosamente a la iglesia. Decidió, entonces, convertirse desde ese día en su asiduo asistente; se inscribió en el grupo de jóvenes catequistas de la parroquia y tuvo que presentarse, aunque no le gustaba estar pareciendo un chico tímido y disciplinado pero todo esto le serviría para acercarse a la linda Alessia, con la posibilidad de poder entablar conversación con ella; y así lo hizo.

Leo y Fe, ven pasar a Alessia"   Ellos gustaban observarla

    Esperó que ella saliera y en el momento que la gente se mezclaba y se despedía de sus amigas, se cruzó en su camino entablándole la siguiente conversación:

–¿Me parece que te conozco de algún lugar?

Y antes que ella dijera algo replico:

—Ah, ¡ya, recuerdo! somos compañeros de la catequesis de la parroquia de los sábados.

Ella asintiendo su cabeza aceptó que era cierto, al mismo tiempo que recordó que sus amigas estaban deslumbradas con él, por su moderna y potente motocicleta, por su buena apariencia y su perfume refinado.

John aprovechó el momento propicio para ofrecerse a acompañarla hacia su casa y ella acepto. Estaba sin su motocicleta, por lo que caminaron, y llegando a la esquina, la invitó a tomar algo en la fuente de soda y ella tímidamente se negó pero este insistió, a lo que ella solo le quedó aceptar.

Desde aquel día la esperaba a la salida de donde estuviera e inventando diferentes argucias se ofrecía a llevarla a su casa en su moderna motocicleta. Al inicio ella no aceptó subir en tan potente vehículo, pero sus amigas la animaban a que acceda, pues estas aprovechaban para que le paseen y se luzcan ante los chicos que les gustaban.

Plaza Mayor de este relato

Un día de salida por la plaza

John, tenía varias enamoradas. Salía también con Medalí "La Interesada", quien vivía en una urbanización lejos de allí. Iban los dos a todos sitios y él le complacía con sus gustos. Acudían a diferentes lugares de diversión, frecuentaban grupos que solo pensaban en conocer nuevos lugares y, llegado el fin de semana, salir a bailar hasta alta horas de la madrugada.

Asimismo, estaba con Karen "La Calculadora", que vivía en una zona "fichu" o de lujo, de familia acomodada, pero que estaban a punto de perder todo por un mal manejo de los negocios de su padre. La madre le exigía que Karen esté con John, ya que podría servirles para salvar la situación, hasta que consigan salir del gran apuro. De esta manera, John vivía una vida llena de placeres, diversiones con hermosas chicas de recintos modernos y de hipocresías

Medali

Karen

Alessia, era tan linda que a cualquier varón lo dejaba atónito. Él fue uno más que no pudo resistirse a los encantos de esta adolescente, había logrado acercarse a ella, la llevaba a pasear en su motocicleta, hasta que llegado el momento, estando ella sentada en el asiento, le declara su amor.

Ella, sorprendida, no sabe que decir y él sin darle tiempo a decir palabra alguna, le estampa un beso en sus tiernos labios virginales. Alessia, asombrada, no salía de su sorpresa, y sin darle mayor tiempo a que lo piense aceptó ser su enamorada, pero estaba muy indecisa.

En los siguientes, John quiso asegurarla y la llena de regalos, la saca con sus amigas, pero Alessia, siente que no lo ama, en cambio cuando pasa frente a la casa de Fe y estaba Leo, se sentía tan contenta y había descubierto que a quien amaba en verdad era a Leo y no a John, pero Leo ¡ni se acercaba a ella! tan solo esperaba en las tardes para verla pasar.

Un domingo de misa los amigos Fe y Leo ven como John sube y lleva en su motocicleta a la bella Alessia, y pasando delante de ellos las mira y se da cuenta como Leo de estar sonriendo cambia de gesto, sorprendido y abatido. Alessia, siente que su corazón se estremece al ver que su verdadero amor la había visto con otro. Al llegar a su cuarto se arroja en su cama y se pone a llorar.

La seguía

Alessia paseando con John

Leo y Fe se sienten decepcionados, perdidos y piensan: ¿cómo una chica tan bonita e ingenua pueda estar con alguien que tiene tantas enamoradas? Mientras que ellos no podían conseguir ni a una tan fácilmente como él, sobre todo Alessia, quien era la gran ilusión para aquellos dos. Lo que pasa es que no estaban al tanto como enamorar a una chica y sabedores que Adal, su amigo, tenía la virtud de conquistar las chicas, incluso en algunas oportunidades habían tratado el tema. Adal les había propuesto que vengan a su casa para hablar de mujeres, enseñarles sus secretos, pero ellos no lo habían tomado en serio. Fue en ese momento que se miraron fijamente y en coro dijeron "¡Tenemos que visitar a Adal, para que nos enseñe todos los secretos para conquistar a una chica!". Y desde aquel momento pactan ser "Los Students - alumnos" de Adal.

La Linda Sujey

En una fiesta del barrio John conoce a Sujey, de escultural figura, quien, desde que lo ve llegar se le prende y avanzada las horas de la madrugada lo seduce. Desde aquel momento no la deja tranquilo, esta tenía su habitación con puerta a la calle y lo emboba, haciendo que se quede a acompañarla varias veces. John no era el único chico con quien ella salía, pues también salía con otros pretendientes. Un día menos pensado, estaban en un restaurant disfrutando de deliciosa comida, escuchando música y tomando sus chelitas y John abrazaba a Sujey. Esta chica estaba muy atractiva y por casualidad el padre de Alessia había invitado a su hija para que la acompaña al mismo restaurant que estaba Jhon. En un determinado momento ella se levanta para ir a los servicios higiénicos, cuando en el camino Alessia alza la mirada y de repente ve a John, medio embriagado con Sujey que la abrazaba, mientras que con la otra mano sostenía su chelita.

Fue tan decepcionante la sorpresa de Alessia que se sintió traicionada, pidiendo a su padre regresarla a casa. Este sorprendido le pidió que se quedara, pero ella le suplico "¡por favor llévame porque me estoy sintiendo muy mal!". No tuvo más que acceder a su pedido y la acompañó a su casa, donde, ni bien llegó, se encerró en su habitación, llorando desconsoladamente. Sin embargo, se dijo que lo evidenciado ese día demostró en el fondo que John no le era fiel, decidiendo por lo tanto terminar con John. Al mismo tiempo, concluyó que debería dar oportunidad a Leo, quien era el que de verdad amaba y además él estaba solo.

Alessia sorprende infraganti a John

John trata de pedir perdón

Alessia decepcionada llora

Su primera experiencia

Fe y Leo acuden a la casa de Adal a solicitarles les enseñe todo lo concerniente a las mujeres, y este muy seguro decide darle lecciones de cómo conquistar a las mujeres. Allí aprenderán a aplicar los métodos de enamorar, para ello les confecciona un "Programa de 12 Lecciones", al que tendrán que acudir varios meses, por cierto tenían que ser en la casa de Adal en las noches y dos veces a la semana. Para ello, Adal tenía un restaurant y había un espacio alejado del bullicio. Es en aquel lugar donde empezaron a adquirir los profundos conocimientos de los *Secretos para Conquistar a una Mujer*.

Leo y Fe piden ayuda a su amigo Adal

CAPÍTULO I:
PRIMERA LECCIÓN

En la Primera Lección, les enseña los PRINCIPIOS Y VALORES que deberán aprender y aplicar de allí en adelante, también incide que para lograrlo deberán usar ciertos Requisitos Mínimos de obligaciones, donde aplicarán el poder de la voluntad.

El Profe y/o Sensey y sus alumnos empiezan a reunirse dos veces por semana, en la primera reunión se dirige a ellos dándole un resumen de lo que tratará las 14 lecciones y el resultado que se obtendrá al finalizar el aprendizaje.

–Mis queridos "Students", hoy día empezamos una etapa muy importante para ustedes en sus vidas, han llegado a este lugar buscando aprender a conquistar a una chica verdad?, y eso lo lograran, les aseguro que serán exitosos con las mujeres pero sobre todo lograran formar una identidad y personalidad tan sólida y atractiva que todos lo notaran, sus familiares, amigos y sobre todo las chicas, desde que ingresen a algún lugar percibirán que voltearán las miradas hacia ustedes, con ello habrán conquistado un 70% de la admiración de ellas, el otro 30 % será aplicando las demás lecciones aprendidas. Los secretos de conquistar que utilizarán inteligente y hábilmente culminando su esfuerzo en la aceptación de quienes ustedes hayan escogido.

El Profe Adal enseñando a Leo y Fe, los Secretos de conquistar a una Mujer

Entre bromas y risas le da el alcance en qué consistirá las enseñanzas donde aprenderán a conquistar a las mujeres en 12 lecciones.

El Sensey, los recibe en un ambiente privado de su casa, les da la bienvenida, y se dirige a ellos:

−¡Queridos amigos!, desde este momento cuando ingresen a este recinto, seremos profesor y alumnos, además deberán cumplir con algunos Principios y Valores que es la primera lección.

1.1. PRINCIPIOS

- **Para conmigo**: deberán respetarme desde un inicio hasta terminar las enseñanzas.

- **Para con ustedes**: así también deberán respetarse a sí mismos, auto valorarse, dándose siempre su lugar, creer en su capacidad personal, tenerse fe de lo que son capaces", tenerse Autoestima y ¡no dejarse avasallar nunca!".

- **Para con los demás**: no desestimar a los demás, respetar sus capacidades. Amar al prójimo como a sí mismos.

1.2. VALORES

Se comprometerán aprender, hacerlos suyos y enseñar a los demás los Valores siguientes:

El Amor   La Amistad

- **El Amor**. Es un valor, un estado y una emoción. Se refiere al afecto que una persona siente por otra.

- **La Amistad**. Es la relación de afecto que se crea entre dos o más personas, caracterizada por ser desinteresada y recíproca.

- **Solidaridad**. Uno de los mejores valores que puede trasmitir una familia a sus hijos. Los niños que sean solidarios desde pequeños serán los adultos solidarios en el futuro.

- **Honestidad**. Es la cualidad de ser justos, confiables y sinceros.

　　　　　Solidaridad　　　　　　　　Honestidad

- **Responsabilidad.** Es la cualidad de asumir y cumplir con una obligación o responder por los actos efectuados.

- **Compromiso.** Es una obligación que debe cumplirse por la persona que lo tiene y lo tomó.

　　　　　Responsabilidad　　　　　　Compromiso

- **Perseverancia.** Es un esfuerzo continuo, supone alcanzar lo que se propone y busca soluciones a las dificultades que puedan surgir, un valor fundamental en la vida para obtener un resultado concreto.

- **Generosidad.** Es un valor o rasgo de la personalidad caracterizado por ayudar a los demás de un modo honesto sin esperar obtener nada a cambio.

Perseverancia

Generosidad

- **Respeto**. Es la capacidad de reconocer, apreciar y valorar a los otros teniendo en cuenta que todos somos válidos.

- **Tolerancia**. Se refiere a la aceptación de comportamientos, prácticas, creencias o costumbres que son ajenas a nosotros.

Respeto

Tolerancia

- **La Igualdad**. No quiere decir tratar a todos por igual, sino que todas las personas reciban el trato que les permita obtener los mismos resultados.

- **La Libertad**. Es aquello que permite al ser humano decidir si quiere hacer algo o no, lo hace libre, pero también responsable de sus actos.

- **La Justicia**. Es un concepto bastante amplio que se basa en la ética, la moral, la racionalidad, la religión y la ley.

- **La Equidad.** Es un valor que implica justicia e igualdad de oportunidades entre hombres y mujeres respetando la pluralidad de la sociedad.

- **La Felicidad.** Es un estado de bienestar, una experiencia agradable o satisfactoria.

- **La Paz.** Es la capacidad de los seres humanos de vivir en calma, con una sana convivencia social.

- **La Esperanza.** Es la creencia de que es posible lograr lo que se desee.

- **La Gratitud.** Es un rasgo de la personalidad y una emoción.

- **El Sacrificio.** En ocasiones es necesario poner las necesidades de otros por encima de las nuestras.

- **La Cortesía.** Se refiere a los modales y a los códigos aceptados de conducta social.

"Obligaciones" que corresponderán cumplir para lograr los objetivos trazados:

Deberán estar decididos a aprender las 12 lecciones poniendo el máximo interés, acudiendo *a* todas las Lecciones puntualmente, en las prácticas de cada una de ellas deberán - *Aplicar las enseñanzas y recomendaciones* impartidas por el sensey, y recordarlas todo el tiempo.

Hacer seguimiento y monitoreo de los avances de los logros aprendidos y -guardar los secretos durante toda la etapa del aprendizaje de las 12 lecciones finalmente enseñarles el resto de sus vidas a quien lo merecen-.

CAPÍTULO II: HÁBITOS OBLIGATORIOS PARA TRIUNFAR

En esta Segunda Lección trataremos sobre los hábitos obligatorios para triunfar.

En esta lección el Sensey, se dirige a sus "Students", indicándoles que deberán tomar en cuenta para aplicar correctamente los hábitos positivos.

Para iniciar toda tarea cotidiana y/o diaria deberán estar preparados mentalmente, esto requiere de tomar medidas con anticipación y sin perder tiempos.

Fe, pregunta:

– ¿Sensey, nos puede explicar todo esto?

Y él le explica mediante un ejemplo.

–¿Ustedes están acá para lograr aprender a conquistar a una chica, ¿verdad?

Y ellos contestan:

–¡Si, así es!

—Entonces tendrán que prepararse mentalmente, y para ello primero tendrán que descubrirse ¿quiénes son? Utilizaremos el Autodescubrimiento, preguntándonos el ¿por qué? También debemos conocer nuestras deficiencias, errores o anormalidades. ¿Qué queremos lograr?, ser atractivo, conquistador. Resolveremos las incógnitas ¿cómo lograre ser atractivo?, ¿dónde lo lograré? y ¿cuándo será que lo logre? Entonces analizaremos ¿estoy preparado física y mentalmente para lograrlo? ¡Claro, al inicio nadie lo estará! Tendrán que ir adquiriendo conocimientos y prácticas con ejercicios y disciplina mental, para ello el deporte es un aliado, ejercicios de memoria, aprender chistes, poemas, nombres, etc.

Leo pregunta:

—¿Qué significa prepararse con anticipación?

El Profe le responde:

—Son aquellas actividades que tendrás que hacer para lograr lo que te propones. Objetivo, debes realizar una planificación (un conjunto de actividades con tiempos y metas), programación (elaborar cuadros donde en forma ordenada conjugando las actividades con los tiempos y objetivos).

Leo vuelve a preguntar:

—Para no perder tiempos ¿qué debemos hacer?

Y el Sensey responde:

—Muchas personas, antes de iniciar alguna tarea diaria, dan muchos rodeos, inventan excusas, enfermedades, se dejan llevar más por las emociones que por la razón, están llenos de hábitos negativos que tendrán que desterrar. Hay que Ser Eficaz y Eficiente, la eficacia es la capacidad de lograr el efecto que se desea o se espera (capacidad de atraer a las chicas). En cambio, eficiencia es la capacidad de lograr que ese efecto en cuestión con el mínimo de recursos posibles o en el menor tiempo posible sea logrado (sin usar tantas ropas, dinero, perfumes, etc.).

Finalmente, les indica que deberán realizar el Seguimiento y Monitoreo de los avances de las tareas semanales, llevando un control del cumplimiento de la Programación de las 12 Lecciones. Ver Anexos (1 y 2), de aplicaciones.

"Students". Veamos las recomendaciones del siguiente blog[1]: "Existen dos tipos de hábitos, los positivos y los negativos. Los hábitos positivos son considerados como virtudes y los negativos como vicios".

Leo y Fe adquiriendo el buen Hábito de la práctica del deporte

2.1. HÁBITOS POSITIVOS

"A continuación, se presentará una lista breve de hábitos positivos" que te harán EXITOSO, son de suma importancia:

- "Dedique mínimo una hora de estudio diaria. La mejor inversión que ustedes pueden hacer es en su conocimiento ya que le acompañarán siempre y le abre nuevas puertas.

1 http://habitosexitosos.blogspot.com: Hábitos para el éxito - lunes, 12 de marzo de 2012

- Evite consumir químicos o líquidos que afecten su mente. Recuerden que solo tiene una mente y es irremplazable.

- Haga ejercicios. El hacer ejercicios no solo les ayuda en la parte física sino en la emocional también. Además, existen estudios que prueban que el hacer ejercicios mejora el rendimiento cerebral de la persona.

- Siembre literal y metafóricamente. De la forma literal es sembrar semillas de plantas que ayuden al bienestar de la tierra. Metafóricamente se refiere en la parte emocional de su entorno ambiental. Por ejemplo, sonriendo sembrarán alegría en su vida, ayudando sin esperar nada a cambio sembrara nuevas amistades, leyendo sembrara conocimiento y así sucesivamente.

- Rodéese de personas optimistas, no de personas negativas. El rodearse de personas negativas les afectará en su actitud y les dejará exhausto en tratar de convencerlos a cambiar. En cambio, con personas positivas se ayudarán mutuamente y tendrá los beneficios de sus logros y conocimientos en cómo mejorar en la vida.

- Obviamente evite vicios. Los vicios no solo nos afectan físicamente sino financieramente también. Piense cuánto dinero tendría si en vez de haberlo utilizado en el consumo de vicios lo hubiese ahorrado.

- Ahorre. Ahorrar le ayudará a sentirse seguro financieramente y podrá tener mucho más opciones a medida que transcurra su vida.

- Escriba metas a largo plazo. El tener las metas claras a largo plazo le ayudara a tomar decisiones más sabias a corto plazo.

- Desarróllese como líder. Comience a verse usted mismo como una persona totalmente capacitada para tomar las riendas de su vida y ayudar a otros a obtener resultados.

- Escuche música con mensajes positivos. La música que escuchamos tiene un efecto emocional, subconscistivo y define gran parte de quienes somos.

- Duerma lo suficiente. Dormir mucho o poco afecta en cantidad su ejecución diaria.

- Busque oportunidades de inversión para aumentar sus ingresos. Existe la oportunidad de ganar dinero de manera residual para generar ingresos adicionales sin tener que dejar su empleo actual. Existen varias maneras de ingresos residuales, aquí les presento como ejemplo el siguiente link, (mantentealdia.com.)".

2.2. HÁBITOS NEGATIVOS

A continuación, se presentará una lista breve de hábitos negativos que deberás eliminar de tu vida, son los siguientes:

- Ver televisión con programaciones negativas, te dañan tu espíritu.

- Perder el tiempo en tu celular, te hacen adictivo y no productivo.

- Creer en todo lo que está de moda, deberás analizar antes.

- Andar pensando todos los días en las mujeres, dedícales el menor tiempo ya que te harán perder tiempo y oportunidades, en cambio prepárate para sorprenderlas positivamente con desterrar lo negativo que ellas comprobarán.

HÁBITOS INTELIGENTES QUE TE HARAN MÁS CARISMÁTICO[2]

- "Crecí creyendo que el carisma y las habilidades sociales eran un arte, algo con lo que nacías o no, yo no había sido elegido. Pero ahora sé que son una aptitud que puede desarrollarse.

- No se nace con carisma se aprende.

- ¿Por qué hay algunas personas que su sola presencia te provoca emociones positivas? ¿Cómo han conseguido esa personalidad magnética? ¿Por qué hay gente que desprende carisma y disfruta de una gran vida social?

- Estas personas no nacieron así. Aprendieron conductas carismáticas durante su infancia imitándolas, probándolas y con el tiempo convirtieron las que funcionaban en hábitos inconscientes.

- Tú también puedes hacer lo mismo. De la misma forma que es posible aprender un idioma siendo adulto, también puedes desarrollar nuevos hábitos carismáticos para mejorar tus habilidades sociales.

- La mayor parte de lo que te ha ocurrido y lo que te va a ocurrir no depende de tus capacidades técnicas, sino de tus habilidades sociales.

- Así que más nos vale aprender a relacionarnos con los demás.

- Hoy se sabe que el carisma consta de tres cualidades basadas en conductas concretas. Este triángulo del carisma lo forman la Confianza, el Control, y la Conexión.

---

[2] https://habilidadsocial.com/#: **10** HÁBITOS INTELIGENTES QUE TE HARÁN MÁS CARISMÁTICO-Paginas; 4, 5, 7,9, 11, 14, 16, 18, 20, 22, 24 y 26.

- Las personas más carismáticas desprenden Confianza. Se sienten seguras de sí mismas, conocen sus puntos fuertes y disfrutan del contacto social.

- Hábito Número 1: No esperes a conseguir la confianza para actuar. Actúa sin ella, y luego la conseguirás.

- Hábito Número 2: En los momentos de dificultad, recuérdate a ti mismo tus logros anteriores.

- Hábito Número 3: Cuando estés nervioso evita las posiciones encogidas y utiliza una pose de poder. Te sentirás mejor.

- Hábito Número 4: Para comunicarte de forma más empática asegúrate de empezar por los hechos y luego incluir tu historia y sentimientos.

- Hábito Número 5: Para multiplicar la eficacia de tu comunicación y ser más convincente, añade un porqué a tus peticiones.

- Hábito Número 6: Acostúmbrate a usar adjetivos positivos para evitar juzgar y comunicarte de forma más precisa.

- Hábito Número 7: En tus conversaciones acostúmbrate a preguntar por sus motivos y objetivos para multiplicar los temas de conversación.

- Hábito Número 8: Empieza a tocar más en tus relaciones sociales para crear mayor conexión y multiplicar la intensidad de tu comunicación emocional.

- Hábito Número 9: Para que la gente sienta que ha conectado contigo y se encuentre a gusto, imita sutilmente su lenguaje verbal y no verbal.

- Hábito Número 10: Pronuncia los nombres de tus interlocutores más de lo que creas necesario para causarles sensaciones positivas y establecer mayor conexión".

Había pasado una semana que Fe y Leo iniciaron este reto, estaban muy contentos, habían prestado mucha atención al Sensey, sus enseñanzas lo pusieron en práctica y estaban muy ansiosos de escuchar sus recomendaciones.

El Sensei ingresa al aula y saluda:

–¡Buenas noches!, la semana pasada tratamos en la primera lección sobre Principios, Valores y Obligaciones, así como en la segunda lección lo referente a Aprender de los Buenos Hábitos y desterrar los malos.

–¡Si profesor! –contestaron al unísono los adolescentes.

–Dime Leo, ¿qué hábitos positivos estás haciéndolos tuyos?

–Sensey, desde que me levanto tiendo mi cama, hago algunos ejercicios, me baño, ayudo a los quehaceres diarios, saludo a mis mayores, en las noches alisto mi uniforme para el siguiente día y llego temprano a mis quehaceres.

–¿Y tú, Fe? ¿qué hábitos negativos estas eliminando de tu vida?

–Profe, ya no me quedo hasta tarde en las noches, desenchufo todos los aparatos eléctricos, ahora me cepillo los dientes después de las comidas, no echo la culpa a los demás de mis errores o fracasos, estoy dejando de creer que por culpa de otros no puedo llegar a culminar algún proyecto o estudio. Asimismo, empecé a evitar ser chismoso, me he decidido a quitar de mi mente que nunca seré capaz de conquistar alguna chica por mi apariencia, hablar, tamaño o ser provinciano. Desterrar conseguir las cosas fáciles, sacar de mi vida la idea de demorar tanto para iniciar algo nuevo o ponerme a estudiar, o mis quehaceres diarios. Dejar la adicción al uso del celular, y otros medios que me quitan horas, días, semanas y muchas oportunidades de producir, empezar y terminar algo de excitación desenfrenada, tomándome un instante para analizar lo positivo y negativo de mis decisiones con calma y cabeza fría

–¡Qué bien muchachos! han entendido el mensaje de fondo de la primera y segunda lección, continúen aumentando en adquirir y practicar los buenos principios, valores, obligaciones, buenos hábitos y desterrar los malos.

Como su Primer ejercicio deberán hacer un listado de principios, valores, obligaciones, hábitos positivos y adquirirlos mediante constantes prácticas.

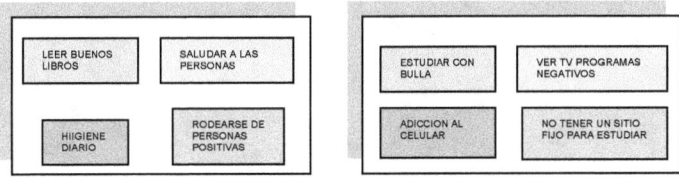

Gráficos de Hábitos Positivos y Negativos

CAPÍTULO III: ALIMENTACIÓN, EJERCICIOS FÍSICOS Y MENTALES

En la Tercera Lección, aprenden a alimentarse, ejercitarse física y mentalmente, para obtener una buena salud y una excelente apariencia.

-Muchachos ahora vamos a aprender a alimentarnos para vivir sanamente. (Les recomiendo leer el Link[3]). Nos prevendrá de enfermedades y tener más años de vida y lucirse hermosos, Tomen nota de lo siguiente:

3.1. ALIMENTARNOS SANAMENTE

- En las mañanas nutrirse de los rayos del sol por un corto tiempo.

- Adquirir el hábito de tomar agua pura diariamente, mañana tarde y noche.

- Equilibrar las dietas alimenticias en todo alimento que ingiera.

- Fijarse horarios para sus comidas.

- Digerir pausadamente los alimentos.

---

[3] https://www.who.int/es/news-room/fact-sheets/detail/healthy-diet: Alimentación sana

- Consumir frutas y verduras.

- Elegir productos con grasas saludables tales como el aceite de oliva o aquellos que sean ricos en antioxidantes.

- Consumir pescado.

- Consumir carnes con bajo aporte graso.

- Consumir alimentos frescos, no enlatados envasados con preservantes.

- Practicar ejercicios.

- Decidir con tiempo (toda dieta deberá ser segura, averiguar su procedencia)

- Limpiarse y/o purgarse obligatoriamente el estómago tres veces al año.

–Muchachos Estas pautas deberán hacerlas suyas, ensayarlas, aprenderlas y enseñar a los que les rodean.

Leo pregunta:

–¿Teacher e aprender a alimentarnos como nos está indicando, nos hará también de buena presencia e imagen para que las chicas nos deseen?

El Teacher responde:

–Cuando tenía su edad nadie me guió, ni me dio ninguna lección, como la que ahora les estoy alcanzando, que es producto de mis vivencias, de muchas personas y personalidades expertas. Con toda seguridad, cuando ustedes las dominen, serán la primera generación de adolescentes sanos, fuertes y atractivos. Su segundo ejercicio y/o practica será presentarme una vez por semana por escrito; los hábitos alimenticios que están usando diariamente.

Hábitos alimentarios saludables   Hábitos alimentarios negativos

3.2 EJERCICIOS FISICOS[4]

Asegura una salud sana y excelente apariencia.

Continuando con el aprendizaje de las lecciones que servirá de base de su futura nueva Identidad e irreconocible personalidad ante todos sus conocidos, les voy a dar las recomendaciones para que adquieran una apariencia sana y atractiva ante las mujeres, me estoy refiriendo a practicar a partir de ahora y para toda su vida los métodos y hábitos de Ejercicios Físicos. Se describen algunos a continuación:

---

4 http://www.actiweb.es/imagenpersonal/otros_servicios.html: Imagen personal y actividad física

- A la hora de levantarse, salir a correr 1 kilómetro mínimo, ejercicios de brazos, piernas, abdominales, respiratorios una vez a la semana como mínimo.

- Practicar y especializarse en un deporte mínimo: gimnasia, natación, atletismo, artes marciales, lucha libre, tenis, fulbito, basquetbol, etc.

- Por las noches, ejercitarse antes de ducharse.

- El cuerpo necesita cuidados, atención, cariño y necesita desarrollarse está hecho para el movimiento y la acción

- No importa tu contextura física o tipo de cuerpo, la actividad física debe tener como objetivo "Obtener una buena Imagen" y "Vivir Mejor"

- Los ejercicios aeróbicos practicados regularmente, 2 o 3 veces por semana, nos ayudarán a mejorar nuestro sistema respiratorio, nuestro corazón y nuestros músculos.

- Practicar el ciclismo de interior, también conocido como Spinning.

- Otra opción muy divertida y efectiva son las clases de baile.

Fe comenta:

–¡Nunca me gustaron los ejercicios!, pero estoy entendiendo lo importante que son, estuve leyendo algunas páginas por internet, lo que nos aportará para mantenernos sanos y fuertes y formará nuestra figura, dándonos una imagen de adolescentes atractivos.

Leo asevera:

—Ya me imagino en unos meses, nos veremos muy diferentes, sacaremos a lucir un cuerpo fuerte, de buen porte, ¡que interesante! antes ni siquiera pensamos en que realizar ejercicios físicos nos ayudaría mucho en nuestra formación.

Había pasado dos semanas en que Leo y Fe habían recibido sus primeras lecciones y estaban muy entusiastas, diariamente se ponían a practicar lo recomendado por el profe.

Leo y Fe empiezan sus entrenamientos físicos

Leo y Fe, en prácticas de máquinas obtendrán una buena imagen

Era el momento de continuar con las lecciones y ahora les tocaba aprender a saber que también existen ejercicios mentales y una vez sentados, el sensey inicia sus clases, ahora trataremos de lo siguiente:

3.3 EJERCICIOS MENTALES

Asegura la eficacia y eficiencia mental donde reinara la Voluntad.

Queridos "Students" después de aprender y adquirir los conocimientos de principios, valores, obligaciones, hábitos, aprender a alimentarnos, realizar ejercicios físicos, ahora aprenderemos los ejercicios mentales, para ser positivo[5] recuerden siempre que el poder de la voluntad mueve montañas.

Anotaremos y practicaremos lo siguiente:

- No esperes a conseguir la confianza para actuar. Actúa sin ella, y luego la conseguirás[6].

- Practicar el arte de la Meditación, el Autocontrol.

- Practicar el ajedrez, razonamiento verbal, lógico y matemático.

- Aprender los métodos de la Nemotecnia para memorizar información, poesías, chistes, etc.

- Sé amable y agradecido (ten una actitud más abierta, más amable y que te vistete con tu mejor sonrisa)

- Quiérete mucho (cuida de ti tanto por dentro como por fuera).

- Perdona tus errores y defectos (aceptes que no eres perfecto y que, de hecho, nadie lo es).

---

5 https://www.psicologia-online.com/ejercicios-para-aprender-a-ser-positivo-570.html - Elia Tabuenca (Editor/a de Psicología-Online): Ejercicios para aprender a ser positivo
6 habilidadsocial.com. - 10 HÁBITOS INTELIGENTES QUE TE HARÁN MÁS CARISMÁTICO; pagina 7.

- Visualiza tu éxito (intenta visualizar un futuro exitoso, te llenes de sensaciones positivas que te que te ayudarán a coger fuerzas)

- En los momentos de dificultad, recuérdate a ti mismo tus logros anteriores

- Cuando estés nervioso evita las posiciones encogidas y utiliza una pose de poder. Te sentirás mejor.

- Para comunicarte de forma más empática asegúrate de empezar por los hechos y luego incluir tu historia y sentimientos

- Para multiplicar la eficacia de tu comunicación y ser más convincente, añade un porqué a tus peticiones.

- Cuida tu alimentación (Somos lo que comemos, nos sentiremos bien, enérgicos y de buen humor). Procurar que todo aquello que es "negativo" se transforme y pase a ser "Positivo".

"Fe" y "Leo" practicando ejercicios mentales

CAPÍTULO IV: APRENDIENDO A BAILAR

—Seguramente a ustedes les gusta bailar ¿verdad?

—Si profe —repiten a coro los dos

—Entonces, les dictare algunas recomendaciones que deberán tener en cuenta, tomen nota:

- Deben aprender a bailar algunos movimientos tradicionales y los Nuevos, deben ensayar bastante para que lo dominen y sean los mejores

- Inscríbanse en alguna academia de baile y deben concluir la enseñanza.

- Bailar el estilo libre, lento con una pareja y en una boda.

- Bailar salsa, cumbia, bachata, huayno, otros.

- Bailar música urbana, electrónica, etc.

- Hacer los movimientos correctos.

- Cuando vayan a alguna reunión saquen a bailar a alguna chica, y al ver las demás que lo haces bien aceptaran a bailar contigo, A algunas de ellas laS impactaras y si tienes buen ojo para detectar tal impacto, sabrás a quien conquistar en esa oportunidad.

- Vestirse para bailar (como nos vistamos ira de acuerdo al tipo de reunión).

- Sonríe.

- Sonrían y traten de que parezca que te están divirtiendo.

- Bailar sin sentir vergüenza.

- Revisen los 10 consejos para aprender a bailar cualquier tipo de baile[7]

—¿Sensey a todas las chicas les gusta los bailarines? —pregunta Leo.

—No necesariamente, pero a la mayoría de ellas les agrada. ¿Saben?, cuando las chicas bailan, desfogan de su interior el fuego que las consumen, por ello algunos dicen que son "muy calentonas", esto les ocurre cuando sus hormonas están girando a muchas revoluciones por segundo, es una acción biológica que ellas no pueden contener ni explicar, he podido detectar esos momentos que ahora les estoy trasmitiendo, sean muy observadores en todo momento, el mundo les mostrara como deben conducirse.

Deben saber que, en un momento de la fiesta, se encuentran frente a la chica y es cuando deberán iniciar la amistad con ella. ¿Conocen qué tema de conversación deben escoger para ese momento? ¡Claro que no lo saben! En la siguiente lección les explicaré la importancia de cultivar la Buena Lectura, que

---

[7] https://www.aboutespanol.com/10-consejos-para-aprender-a-bailar-cualquier-tipo-de-baile-297925: 10 consejos para aprender a bailar cualquier tipo de baile

servirá para tener muchos temas de conversación en diferentes situaciones y oportunidades.

"Fe" aprendiendo a bailar en sus clases de baile

"Fe" poniendo en práctica sus lecciones de baile

"Leo" practica pasos de baile con una linda chica

CAPÍTULO V: CULTIVAR LA BUENA LECTURA

En esta Quinta Lección veremos la importancia de cultivar la lectura[8].

5.1. LECTURAS PARA TENER TEMAS DE CONVERSACIÓN:

Aprenderán a cultivar la buena Lectura, leyendo a varios autores de Auto Ayuda Personal para adquirir la sabiduría de sus consejos siendo los siguientes:

- La vida y la muerte (son temas amplios que todos nos interesa).

- La belleza, la idealización (ellas andan interesadas diariamente).

- La amistad (se tiene tantas historias hermosas que debes tener).

- El amor (muy sublime, deberás describirlo majestuosamente).

- Desencanto (es tema triste servirá para variar la conversación).

---

8 https://harmonia.la/harmonia-recomienda/libros/como_cultivar_el_habito_de_la_lectura

- Disconformidad consigo mismo (algunas viven preocupadas, darle seguridad).

- El estudio y los centros de enseñanza (deberás ser amplio para entretenerla).

- Críticas hacia la sociedad (algunas les importan a otras no, debes estar actualizado),

- Los malos tratos (muy importante para las sufridas, deberás darle consejos).

- Modelos de jóvenes (escucharas y darás algunas opiniones).

- El futuro (debes mostrarte positivo y misterioso).

5.2 RECOMENDACIONES: SEMANALMENTE LEAN UN LIBRO, PODRIA SER DE LOS SIGUIENTES AUTORES

- Fernando Grados Laos: "Como ganar Amigos".

- Dale Carnegie: "Como ganar Amigos e influir sobre las personas", "El Líder en Ti".

- Paul C. Jagot: "El Dominio de Sí mismo".

- Stephen Covey: "Los 7 Hábitos de la gente Altamente efectiva".

- Joyce Meyer: "Cambia tus Palabras Cambia tu Vida".

- Dr. Camilo Cruz: "La Vaca".

- Varios Autores: "Tropezar quizás ¡Rendirse Jamás!"

- Robin Sharma: "El monje que vendió su Ferrari".

- Alfonso Chirre Osorio: "Grandes secretos para triunfar en la vida".

- Sergio Bambarén: "El Delfín. Historia de un soñador".

- David Fischman: "El secreto de las siete semillas".

- Alejandro Jodorowsky: "Psicomagia".

- Wayne Dyer: "Tus zonas erróneas".

- Talane Miedaner: "Coaching para el éxito".

- Paulo Coelho: "El alquimista".

- Viktor Frankl: "El hombre en busca de sentido".

- Giono: "El hombre que plantaba árboles".

- Antoine de Saint Exuspery: "El principito".

- Sergio Fernández: "Vivir sin miedo", "Vivir sin Jefe".

Ellos van evolucionando satisfactoriamente, semana tras semana, repasan y practican las lecciones del Teacher. En ocasiones les preguntan sus dudas, él les sugiere que en algunos casos las consultas sean personales y otras en clase.

–¡Students!, veo que van entendiendo y aplicando las recomendaciones de las lecciones hasta ahora impartidas. Iniciaron con los principios, valores, obligaciones propias y para con los demás, a diferenciar los buenos hábitos de los malos, a alimentarse saludablemente, hacer ejercicios físicos y mentales, aprender un deporte, a bailar, al hábito de la lectura para tener temas de conversación. A continuación, siguiendo con su formación integral para obtener de ustedes unos adolescentes atractivos, convincentes y conquistadores, aprenderán lo siguiente.

El Sensei Adal aleccioona a Leo   Fe leyendo uno de los libros

CAPÍTULO VI: DOMINAR LA ORATORIA Y LA MIRADA PEFECTA

En esta Sexta Lección trataremos cómo dominar la oratoria y la mirada perfecta, para tener una mirada atractiva.

El Profe les indica que la oratoria, es el arte de hablar en público con claridad, precisión y elocuencia. Les enumera algunos de los problemas más comunes para hablar en público los cuales son:

- Enfrentar el pánico escénico.
- Controlar el nerviosismo.
- Vencer el miedo.
- La preparación del tema.
- La dificultad para recordar su presentación completa.

6.1 PRACTICAS DE ORATORIA

Aprenden el arte de hablar bonito.

- Les exige hacer ejercicios de oratoria por lo menos dos veces a la semana, para conseguir un buen timbre de voz melodiosa que conquistaran a las mujeres más difíciles

- Les orienta a practicar ejercicios de los libros de oratoria.

6.2 EJERCICIOS DE ELEMENTOS DE ORATORIA[9]

Hablar en público puede resultar todo un reto para muchas personas.

7 ejercicios para Hablar en Público Correctamente:

- Respiración consciente
- Vocalización
- Practica pronunciar Trabalenguas
- Visualización positiva
- Grábate y escúchate
- Improvisación
- Escribe tus Ideas

Prácticas de oratoria. Fe ensayando vocalización

Leo gesticulando y aplicando el diálogo

6.3 LA MIRADA PERFECTA

Aprender a tener la mirada perfecta y turbadora.

Con el libro de Pol Jagot, el Teacher les enseña a practicar la mirada perfecta.

---

9 https://tecnicashablarenpublico.com/blog/7-ejercicios-para-hablar-en-publico-como-hablar-correctamente-y-sin-miedo-oratoria/: Víctor Toscano y Víctor Pérez-TecnicasHablarEnPublico.com

Les pide que en las noches en la oscuridad, miren un punto fijo y sin mover los parpados aguantando hasta contar mentalmente 100 y sigan en aumento cada vez, les dice te saldrán las lágrimas pero no debes cerrar ni parpadear, te darás cuenta que con el tiempo, tu mirada será impávida y penetrante cada vez más perfecta, de acuerdo a la mayor cantidad de práctica. Les asegura que el resultado lo comprobaran al ver sus gestos en las chicas con admiración y rubor cuando estas las miren.

Revisen algunos Links, sobre como obtener la mirada mas cautivadora[10]

Ella enseñando a Leo cómo mirar   Muestra de mirada perfecta

—Seguramente ustedes se preguntaran ¿cómo es que logro iniciar y mantener una conversación con diferentes chicas? Hoy día les diré uno de los secretos, ya anteriormente les recomendé que deberán tener "temas de conversación", ¿pero que temas les conversare? Toda mujer es diferente, quizás semejante pero nunca igual, para identificarlas las he agrupado por tipos de identidad. Cada una de ellas siempre maneja y se cubre con varias de esas identidades, descubrir su verdadera identidad es el objetivo desde que la conocéis. Seguidamente les mostrare en la siguiente lección estas identidades, que deberán memorizar y detectar rápidamente en ellas.

---

10 https://thehappening.com/mirada-cautivadora/: por Zazil Barragán

Fe practicando ejercicios de la mirada perfecta

CAPÍTULO SÉPTIMO: TIPOS DE IDENTIDAD

7.1 FORMARSE PARA IDENTIFICAR LAS IDENTIDADES DE LAS MUJERES:

Les enseña a reconocer y tratar los diferentes tipos de Identidad de las personas.

Students veamos que es la Identidad[11]

"La identidad (como en "documento de identidad") es un conjunto articulado de rasgos específicos de un individuo o de un grupo: hombre, 35 años, español, 1,75 m de altura, 70 Kg. de peso, cabellos castaños, católico, empleado de banca, casado, padre de familia...

La identidad constituye también un sistema de símbolos y de valores que permite afrontar diferentes situaciones cotidianas. Opera como un filtro que ayuda a decodificarlas, a comprenderlas para que después funcione. Esto explica que frente a tal situación, un individuo, con sus valores y su modo de pensar, de sentir y de actuar reaccionará probablemente de una manera definida. Para esto se cuenta con un repertorio de formas de pensar, de sentir y de actuar que, en un momento dado, se puede combinar. Este repertorio está en constante recreación".

La Identidad personal e identidad social

[11] http://eticabcce.blogspot.com/2017/02/identidad-personal-y-social.html:15/02/2017

La psicología reconoce en la identidad de cada individuo dos campos diferenciados, pero complementarios: la identidad personal y la identidad social.

La **identidad personal** es el conjunto de rasgos característicos de un individuo, como sus actitudes y habilidades, su carácter, su temperamento, sus virtudes y sus carencias, todos los cuales permiten que este se diferencie de los demás y reconozca su individualidad y su personalidad.

La **identidad social o colectiva**, en cambio, es aquella según la cual una persona, al pertenecer o sentirse afín a determinados grupos sociales (espirituales, nacionales, profesionales, laborales, etc.), asume un conjunto de rasgos o atributos propios de esta comunidad, lo cual ayuda al individuo a forjar o definir el concepto que tiene de sí mismo y de su lugar en la sociedad".

Students, he agrupado diferentes tipos de identidades de mujeres con sus respectivas definiciones para que puedan comprender mejor a las chicas que estarán frente a ustedes. No se olviden que en el mundo infinito existen identidades[12]. Personal, Social, Cultural, Nacional, Religiosa, Étnica, de Genero, Edad, Clases, Regional, Profesional, Política, Sexual.

Las mujeres adoptan una o varios tipos de identidad, es un mecanismo humano de protección, veamos a continuación:

- **La Ingenua.** Es aquella chica que recién está conociendo la vida, confía en todos y es sana en su forma de pensar y actuar.

- **La Cándida.** Es la muchacha muy tierna y suave su mirar y rostro es sublime su alma es limpia y de pensar transparente.

---

12 https://elmundoinfinito.com/tipos-identidad/ - Tipos de identidad- El Mundo Infinito.

La Ingenua   La Cándida

- **La Tímida.** Es una moza muy temerosa e introvertida, cada paso que da lo piensa mucho y desconfía de todos.

- **La Engreída.** Es la nena que ha sido criada de manera que siempre le dieron sus gustos, le manifestaban verbalmente y gestos como la bebita, la princesa y/o reina de sus padres.

 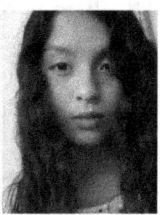

La Tímida   La Engreída

- **La Dulce.** Aquella chica que tiene un mirar y trato muy amable, que poco se molesta es agradable para todos, colaboradora y tierna de dulce mirar y hablar.

- **La Amiga.** Es la chica que siempre está tratando de darte consejos, la que está pendiente de tus problemas, que se presta para ayudarte.

La Dulce   La Amiga

- **La Estudiosa.** La nena que se la pasa muy preocupada por sus estudios, que los temas de conversación son siempre relacionados con sus clases, muy meticulosa y disciplinada.

- **La Sufrida.** Es la chica que su vida es un calvario, necesita el cariño de todos; de sus padres, hermanos, familiares y amigos.

La Estudiosa   La Sufrida

- **La Seria.** Aquella moza que su semblante casi siempre esta serio, su actuar y comportamiento no dan espacios a las bromas o a hacerles bromas ni mucho menos proponerles situaciones que se imagine impúdicas.

- **La Sobrada.** Es la párvula que te mira sobre el hombro, y peor aún muchas veces ni te mira, siempre está hablando de lo que tiene, y por su puesto de lo último de la moda, es muy selectiva en escoger sus amistades y quien será su enamorado.

La Seria   La Sobrada

- **La Deportista.** Es aquella chiquilla que se la pasa practicando y hablando de deportes, ama su apariencia, si le hablas de deportes habrás logrado entrar en su vida.

- **La Interesada.** Es aquella señorita que todo lo que hace es por propio interés, si ve algo donde obtendrá beneficio te considerará su amigo, caso contrario ni te mirará.

La Deportista   La Interesada

- **La Calculadora.** Aquella joven que sus acciones lo hace calculando si es posible al milímetro, primero te estudia, luego cada paso y objetivo es evaluado y si no satisfaces sus intereses entonces no le sirves, solo busca obtener resultados sin interesarle los sentimientos ni el que dirán, claro sabe disimular muy bien aparentando otros tipos de personalidad.

- **La Mentirosa.** Es aquella moza que se la pasa mintiendo a veces son para protegerse y evitar involucrarse en situaciones que le compliquen la vida, otras veces lo hace para lograr lo que quiera sin interesarle los sentimientos de las demás personas

La Calculadora   La Mentirosa

- **La Pituca.** Aquella joven que es o se cree de clase adinerada, de vestir, frecuentar y hablar refinados, sus amistades, grupo tiene que ser especiales y con dinero

- **La Sensual.** Aquella nena que luce una imagen muy sensual, de mirar, andar, gestos, hablar, y tocar sexis, que hacen titubear y ponerse torpe a los hombres.

La Pituca   La Sensual

- **La Trampa.** Aquella chica que goza con ser "la otra", es su manera de subsistir, es egocéntrica y vanidosa mucho se preocupa de su apariencia no le importa lo espiritual ni moral solo busca resultados, cultiva el cuidado de su cuerpo y los métodos sexuales para atrapar a sus víctimas.

- **La Necesitada.** Es aquella muchacha que necesita ser ayudada constantemente, podría cambiar su estado, pero no le gusta el trabajo ni los retos, prefiere estirar la mano y verse desvalida para obtener asistencia.

La Trampa   La Necesitada

- **La Presumida.** Es aquella chica creída a veces de lo mucho que tiene y otras de lo que cree tener, es selectiva para sus amistades

- **La Fugaz.** Aquella moza que solamente se la ve en algunas ocasiones y de lejos, son de pocos amigos y seleccionados sobre todo de buena apariencia.

La Presumida   La Fugaz

- **La Mil Máscaras.** Aquella señorita que asume diferentes personalidades para lograr sus objetivos

- **La Resbalosa.** Chica que se presta y es fácil conquistarla

La Mil Máscaras   La Resbalosa

- **La Atrasadora.** Señorita que quita el enamorado a otra

- **La Rabiosa.** Es aquella mujer que no se contiene la cólera y reniega mucho

La Atrasadora   La Rabiosa

- **La Minita.** Es aquella chica, que utiliza todos sus encantos para conseguir atrapar a su "mina de oro", o sea a un hombre desprevenido, cuando no cumplen sus deseos no le interesa afectar a "su mina"

- **La Empoderada.** Mujer independiente, emprendedora, de tomar decisiones serias, sabe lo que quiere, de amplia experiencia

La Minita   La Empoderada

- **La Sangradora.** Es aquella chica, que siempre está necesitada, para salir con ella, tendrás que estar gastando en ella y también en sus familiares

- **La Insensible.** Es aquella mujer, que no tiene sentimientos es insensible, no le interesa tu buen estado emocional, social, tienes que alejarte de ella.

La Sangradora   La Insensible

Deberán realizar prácticas, donde escogerán diferentes chicas y deberán llegar a saber finalmente su identidad verdadera o bastante cerca, y las diferentes identidades que utiliza, una vez que dominen esta habilidad, quedarán a su merced, para aplicarles algún método de enamorar.

Junto a tener dominio de temas de conversación, deberán perfeccionar su trato para con ellas, siendo refinados, conocerlas mediante sus gestos y tratarlas muy sensiblemente.

Entonces continuamos con la siguiente lección que trata de perfeccionar el trato en la relación con las mujeres.

CAPÍTULO VIII: PERFECCIONAR EL TRATO, ESPECIALMENTE CON LAS MUJERES

8.1 COMO MEJORAR EL TRATO

Adquirir uno de los valores más altos del ser humano:

- Debes aprender modales para con tus semejantes, practicar del Manual de Urbanidad y Buenas Maneras de Manuel Antonio Carreño

- Aprender del "Taller de Marketing personal" del autor. prof. Mg. Gladys Benites Gonzáles. Link, https: www.usmp.edu.pe

- De Frieda Holler, del libro "Ese dedo Meñique", ver lo que les impacta a ellas

- Las parábolas de la Biblia de amar a nuestros semejantes como Cristo nos amó.

- Aprender del libro ¡Buenos días princesa!, de Silvia Martínez – Markus. Donde verán lo que ellas dan importancia y desean sean tratadas

8.2 COMO TRATAR A LAS MUJERES.

Manejo de la habilidad obligatoria para cautivar a las mujeres.

- Las mujeres son los seres más delicados que existen en este mundo.

- Si aprendes a trata a las mujeres habrás conseguido tener la mitad del mundo a tus pies.

- Debes entender que las mujeres son seres que dependen de su estado biológico, están en manos de su buen estado de salud física, mental y espiritual, para estar de buen ánimo.

- Debes tener tacto, para saber que palabras decirle y en el momento preciso para no incomodarlas.

El trato a las mujeres es muy importante

- Debes comprender que son producto del mundo comercial, si le das lo que ofrece el mercado serás agradecido y admirado.

- Ellas aprenden que la mujer de éxito es aquella princesa de la película, la que es admirada, deseada y vive tratada con esmero, lujos, que siempre se hacen sus deseos y caprichos.

- Creen que son las mejores y bellas (regias), para ellas no existen mujeres feas, solo mal maquilladas y vestidas.

- Debes decirle que está muy bonita, aunque no sea cierto, tienen pánico de no verse bien (Inseguras), por lo tanto, son esclavas de sus propias creencias y apariencia.

- Siempre se les debe dar la razón, aunque no siempre sea así.

- Durante siglos se han apoyado en el trabajo y cuidado del hombre, debes conducirlas hábilmente hacia donde mejores resultados quieres obtener de ella, manteniendo sus intereses.

- Ellas siempre son las que "deciden y tienen la última palabra en todo"; desde aceptarte ser su amigo, salir, el lugar, el día y hora, el restaurant, lo que comerán, el lugar a visitar, el salón de baile, el bailar contigo, el karaoke, aceptar ser su enamorado, y si deciden tener intimidad; el día, la hora, el lugar; y muy hábilmente hacen creer a los varones, que ellos son "los conquistadores, los mujeriegos", cuando es lo contrario. Este manual enseñara a los Adolescentes a —"influir en las decisiones femeninas de manera sutil, hábil"-, y cuando ellas se den cuenta ya se habrán consumado los hechos.

- Las chicas no son diosas, princesas, al igual que los varones les huele la cabeza, boca, axilas, el poto, su sexo y los pies cuando están sucios, no son celestiales, sobrenaturales porque son seres humanos, mundanos y terrenales. Existe la mala costumbre de encumbrarlas, de tal manera que se ha posesionado este trato entre ellas, y solo queda seguirles la corriente, levantando su ego para conseguir que te den su amistad y otras cosas más.

- En vez de hacerles daño endiosando a las chicas, háganles ver que son humanas, tienen muchas cualidades, habilidades, y son únicas.

- Les recomiendo un link[13] para que tengan mas herramientas en su trato con ellas.

- En el cine, televisión, se ve que los varones se arrodillan y adoran a las mujeres. Nunca deben olvidar que solo se deben arrodillar y adorar es a Dios

- Muchos adolescentes recurren al suicidio porque llegan a adorar y ver a las chicas como seres celestiales, irremplazables. Tan así que cuando ellas deciden no continuar con ellos o aceptarlos, estos débiles de carácter y voluntad caen en la depresión abandonándose, creando en sus mentes ideas negativas, encontrando solo el camino a la autoeliminación, derivada por darles tanta importancia que nunca debieron hacerlo.

Las Mujeres, les agrada estar en grupo entre ellas.

Junto a esta lección deberán aprender la siguiente son muy necesarias para tener distinción entre los demás.

---

13 https://www.elconfidencial.com/alma-corazon-vida/2017-01-21/trucos-ligar-mujer-cama-sexo_1316126/#3: M. PALMERO.

CAPÍTULO NOVENO: CULTIVAR UN DISTINTIVO ESENCIAL

9.1 INSTRUIRSE PARA SER SOCIABLES Y ATRAER LA ATENCIÓN DE ELLAS[14]

- ¿Qué aspecto de la vida tiene mayor influencia en tu felicidad?

Son tus relaciones sociales

- "Muchos hemos hecho lo que nos dijeron, tan sólo para darnos cuenta de que no estamos tan contentos y hartarnos de perder oportunidades en manos de gente menos preparada, pero más hábil socialmente.

- Es por esto que las habilidades sociales son uno de los mejores dones que jamás podrás tener. Mucho más que cualquier título universitario, logro profesional, conquista amorosa o dinero en tu cuenta del banco

9.2 EL CARISMA UN IMÁN QUE LOGRARÁ CAUTIVAR A ELLAS

- Como tanta otra gente, se crece creyendo que el carisma y las habilidades sociales son un arte, algo con lo que nacías

---

14 10 Hábitos inteligentes que te harán más carismático; Paginas, 4 y 5

o no, y yo no había sido elegido. Pero ahora sé que son una aptitud que puede desarrollarse.

- No se nace con carisma se aprende.

- ¿Por qué hay algunas personas que su sola presencia te provoca emociones positivas?

- ¿Por qué hay gente que desprende carisma y disfruta de una gran vida social?

- Estas personas no nacieron así. Aprendieron conductas carismáticas durante su infancia imitándolas y probándolas. Y con el tiempo convirtieron las que funcionaban en hábitos inconscientes.

- Tú también puedes hacer lo mismo. Piénsalo detenidamente. Restando el tiempo que pasas durmiendo, pegado a tu celular, una tercera parte de tu vida te la vas a pasar relacionándote con los demás. La mayor parte de lo que te ha ocurrido y lo que te va a ocurrir no depende de tus capacidades técnicas, sino de tus habilidades sociales.

- Hoy se sabe que el carisma consta de tres cualidades basadas en conductas concretas. Este triángulo del carisma lo forman la Confianza, el Control y la Conexión.

- También tienen el Control de su comunicación. Saben expresarse de forma eficaz, y tienen una gran habilidad para crear conversaciones fluidas y naturales".

Guiados por el Profe, este les orienta y dirige. Les sugiere que deben cultivar un distintivo esencial, como ser: Artista, Cantante, Músico, Bailarín, Orador, Escritor, Poeta, Amigable, saber escuchar, etc.

Cuando hayan logrado refinarse mediante la obtención de un distintivo innato, participarán activamente en la sociedad y sobresaldrán en el grupo, tendrán mejores oportunidades que los demás que no cultivan ninguna cualidad.

Ser sociable y carismático les agrada a las mujeres

Así también les dice que una persona debe ser bien educada y tener buenos modales independientemente de su posición social o de su nivel económico, tomen en cuenta lo siguiente[15]:

- "Se puede aprender simplemente mirando, fijándonos en las personas educadas y correctas"

- "El vestuario y la imagen exterior son importantes; deberán aprender a vestirte de manera simple pero impactante, para ello deberán guiarse de recomendaciones de expertos. Hay personas que, con solo abrir la boca, ya estropean toda su imagen exterior".

- Asimismo, el buscar eliminar malos hábitos al vestir, al hablar y al dirigirse hacia los demás es una buena forma de volverse refinado.

---

15 https://www.protocolo.org/familiar/vida-familiar/una-persona-educada-educacion-personal-principios-valores.html: señalados con comillas (" ").

- "Deben saber respetar, saber sonreír, incluso en los peores momentos, saber saludar de forma correcta, saber controlar las las palabras para no herir a los demás".

- "Una persona educada debe serlo en todo momento y con todo el mundo".

- "Hablar a gritos, hacer ademanes exagerados, gestos ordinarios (meterse el dedo en la nariz, o la uña entre los dientes, por ejemplo), hablar con la boca llena, etc. Todo esto destruye cualquier tipo de buena apariencia física que tengamos".

- "Compórtate en casa como si estuvieras en un palacio, para que cuando estés en un palacio te puedas comportar como en casa"

- Ser refinado es tratar a las demás personas con respeto al mismo tiempo que mantienes una imagen sofisticada.

- La humildad es la llave que abre todas las puertas, pero sobre todo es el distintivo de las personas refinadas, las cuales se distinguen por no ser groseras ni engreídas sino accesibles en su trato con otras personas.

- Hay que dominar el arte de la Empatía (que consiste básicamente en ponerse en el lugar del otro. Entender mejor los sentimientos, comportamientos, experiencias e ideas de los demás).

- Aprender a manejar el Arte Corporal[16], son señales de alerta.

---

16 https://habilidadsocial.com/el-lenguaje-corporal/ - Pau F. Navarro: "Todo Lo Que Deberías Saber Sobre el Lenguaje Corporal". Recomendado para leer.

9.3 COSAS QUE LES GUSTA A LAS MUJERES DE LOS HOMBRES[17]

- Limpieza, buena apariencia.

- Iniciativa, amables, caballeros.

- Decisiones que tome el hombre, pero con sugerencias de ellas.

- Detallistas, regalos, como te fue en todo.

- Super divertido, alegres, tomar cosas en serio, tener balance.

- Ser los mismos siempre, en privado y en público, ser la misma persona.

- Ser sensibles, expresivos con sus emociones.

- Super aventureros, arriesgados, valientes, fuertes y delicados.

- Saber ayudar con las cosas de la casa.

Ser caballero, divertido, alegre, les agrada a las mujeres

---

17 https://www.youtube.com/watch?v=3_X8WFQ7S6Y: 10 cosas k les gusta a las mujeres de los hombres

CAPÍTULO DÉCIMO: VOLVERSE EXPERTO EN IDENTIFICAR SEÑALES DE ALERTA

- Cuando estés interesado en ella, debes dominar la habilidad de rápidamente identificar las señales de alerta que se emiten de diferentes maneras, por ejemplo, cuando les caes bien, mal, les interesas, eres aburrido, aceptar tu compañía, etc.

- Debes ser muy observador de las reacciones de ellas, mayormente simulan su real estado anímico usando diferentes tipos de identidad, creen que no es conveniente que sepan su estado emocional.

- Debes observar su gesto cuando le caes bien y/o interesas, si cada vez que pasa frente a ti se agarran el cabello constantemente mirándote, no se sabe a ciencia cierta porque lo hacen, pero es un indicador infalible que estas en su mente.

- Al mirarla fijamente, si se ruborizan es señal que puedes atacar la tienes encantada.

- Sí al hablarle modularmente cerca al oído, se estremece, tendrás otra señal que puedes seguir adelante.

- Se da cuando observes que se ha arreglado y/o puesto bonita cuando pasa frente a ti o salga contigo.

- Si te enteras que anda indagando de ti.

- Su mirada en cada instante esta sobre ti.

- Te mira y sonrie mas, le as cautivado.

- Busca el contacto físico contigo, con su pierna a la tuya, le atraes.

- Pone su cuerpo y pie apuntando hacia ti.

- Busca atraer su atención.

- Esta constantemente buscando acercarse a ti.

- Debes hacer que ella manifieste su interés, o le eres indiferente; fabricaras situaciones donde en momentos críticos ella deberá manifestar inconscientemente su reacción hacia ti, esa repuesta servirá para que evalúes su deseo o si esta enamora de ti.

Aprender a Identificar estas y otras Señales de Alerta que emiten ellas.

CAPITULO DÉCIMO PRIMERO: LOS SECRETOS DE ENAMORAR

Décima Primera Lección. Les enseña los secretos de enamorar.

—Queridos students, a continuación, les enseñare los 12 secretos para enamorar a una mujer, en ellos encontraran diferentes formas de aplicar todos los conocimientos de seducción, atracción, paciencia, autocontrol y atrevimiento para llegar a conquistarlas.

11.1 APRENDIENDO LOS SECRETOS DE ENAMORAR:

- **ECHAR MAICITO.** Consiste en ir dando de a pocos gustitos, regalitos, cariñitos y chocheras; de tal manera que llegado el momento se te acercará con tanta confianza y se irá dando una imagen tuya muy favorable, naciendo en ella el deseo de estar contigo.

- **INGRESANDO EN SU VIDA.** Este método consiste en primero estudiar todos sus gustos, costumbres, hábitos, etc., con el fin de una vez conocido los pormenores de ella, ingresar en su vida pero de poco a poco. Debe ser de casualidad, hay que buscar un motivo y/o excusa sin que ella se de cuenta que estas interesado. Puede ser que si estudian juntos ingreses en su grupo y estés atento cuando ella necesita algún apoyo, es donde te debes mostrar muy amable, colaborador, él que le soluciona sus dudas, y está presente cuando más lo necesita.

- **HACERSE SU AMIGO.** ¿Quien no quiere tener y mantener un amigo? Pues debido a este deseo del ser humano, puedes llegar hacia ella y conquistarla, todo depende de ti. Para hacer amigos se debe usar el método de ser primero ella, después tu, el amigo es el desinteresado que siempre esta contigo en las buenas y las malas. Un gran porcentaje del ser humano necesita de un amigo, ya que la vida es tan difícil que si no fuera por el amigo muchas personas se abandonarían, sucumbirían en este mundo difícil pero no imposible de entender y subsistir. Debes interesarte por todas sus cosas, aplicar el método del buen escuchador o sea que debes tener paciencia para escuchar todo lo que ella hable, bueno, malo, ameno, aburrido, etc., Es de esta manera que te contará sus intimidades y mostrará lo profundo de su personalidad, la cual te hará conocerla mas profundamente. A la vez ella se hará dependiente de ti, te buscara cuando mas necesite de ti, y así podrás estar muy cerca de ella y penetrar en su corazón. Su mente y su vida entera, de esa manera dependerá de ti atraparla en el mejor momento que hayas escogido y será tuya.

- **CONVERTIRSE EN SU ÍDOLO.** Muchas mujeres viven pensando que su príncipe azul alguna vez llegará, y están a la espera buscando en algún hombre a su ídolo, o al menos que se parezca. Es allí donde entrarás para, una vez estudiado las características de este ídolo, te presentes ante ella como alguien parecido. Sin que ella se de cuenta, deberás adoptar movimientos, baile, hablar, gestos de tal manera que ella al verte sienta las ganas de estar a tu lado (creyendo idealmente que esta al lado de su ídolo), que le acompañes ser tu enamorada y algo mas.

- **POR EL BAILE.** A la mayoría de las mujeres les gusta bailar, les relaja y les alivia la presión sicosexual que les produce las hormonas femeninas. Después de bailar quedan mas tranquilas, es así que cuando van a una reunión están a la expectativa de algún buen mozo aparezca para que la saque a bailar y si eres bueno en este arte, ten por seguro que te ganarás de ella su corazón y serás el hombre ideal, estarás en su mente y cubrirás su ego que es la que reina en este mundo globalizado.

Para mejor evidencia de lo enseñado, el profesor "Adal", decide que no hay mejor muestra que el guía lo demuestre, y es cuando diseñan un plan de aplicaciones de las lecciones. Hacen un cronograma, escogiendo varios días de la semana. Los días viernes, sábados y domingos, serán los más importantes, ya que serán en las fiestas y en la iglesia donde aplicarán lo enseñado, para que ellos vean que da resultado. Después, ellos tendrán que diseñar sus propios cronogramas, donde encuadraran sus objetivos y metas a alcanzar monitoreando sus resultados.

Empiezan por una fiesta de sábados en un local público. Llegan después que ha empezado, desde afuera del local observan el panorama. El profe Adal les empieza comentando que se fijen bien en las generalidades del lugar, del comportamiento de las personas, de la forma como están vestidas la mayoría de ellas, quienes son los que más llaman la atención, del comportamiento de hombres y mujeres, del ambiente del lugar. Y cuando estos están discerniendo, les pregunta a Leo y Fe:

–¿Díganme a qué chica de las que ven desean que conquiste?

Y ellos asombrados se miran y entre ellos deciden a una de ellas, claro que escogieron a la más bonita, supuestamente inconquistable. El profe acepta el reto y sin decir palabra alguna ingresa al local. Ellos se dicen:

–¡A ver ahora que nos demuestre todo los que no ha enseñado!

–Realmente no creo que lo logre, se le ve a la chica muy especial

–¿Y ves? –le dice Fe a Leo–, cuantos postulantes hay alrededor de ella.

–Es verdad –dice este–. Una chica tan bonita que se fije en él y que se deje conquistar realmente; ver para creer, sin embargo tiene cierta fama de galán, entremos y seamos testigos de cómo esa belleza sin par deja mal parado a nuestro Profe.

El Teacher Adal ni siquiera nos mira, de frente se fue a conversar con un grupo de sus patas, donde le abrazan, y ríen elocuentemente que los asistentes no lo pasan por desapercibido, incluida la preciosura que habíamos escogido para ser conquistada. Las horas pasan, bailes van bailes vienen, los alumnos a las justas logran bailar algunas piezas con alguna conocida. En cambio el profe baila con una, con otra pero no sacaba a la bonita, en cambio los demás casi se peleaban por sacarla a bailar. El Profe bailaba tan alegremente que todas las chicas salían a bailar con él, hasta que nos dimos cuenta que la bonita miraba al Profe, y estaba incomoda. Y, cuando menos se dio cuenta, el Profe la había tomado la mano invitándola a bailar, ella no pudo negarse y salió. El profe mientras bailaba y las demás chicas miraban a la bonita con cólera, este le hablaba al oído no sabemos que, aunque suponíamos que le estaba tratando de algún tema interesante porque ella, que inicialmente estaba pasmada, empezó a sonreír. Y mientras más bailaban ella solo aceptaba bailar con el profe, hasta que cansados tuvieron que retirarse pues era muy tarde, de lejos se despidieron del Profe, este con un gesto respondió.

Al otro día el Profe estaba saliendo con la bonita, y desde ese día era su enamorada. Había cumplido con lo ofrecido, como lo había logrado, había que analizar todos los movimientos del Profe, que después de varios años recién comprendimos lo que había aplicado el profe.

Fe inicia las prácticas, le fue pésimo, ni siquiera pudo sostener una continuidad con la chica que escogió.

Leo decide poner en práctica lo aprendido, escoge una chiquita agraciada, que todos deseaban, y cuando le habla la chica, se sintió incomoda. Poco a poco con la práctica van obteniendo mejores resultados, pero tienen que ejercitar y aplicar más a menudo las lecciones.

Concurren nuevamente a las clases de la lección, para ellos más importante, después de ver personalmente como se aplican todo lo aprendido, pero tienen muchas dudas y torpezas para aplicar las lecciones dictadas.

Ingresa el Sensey y saluda, ellos les responde. A continuación, les pregunta

—¿Cómo les va con sus practicas de las lecciones para conquistar a una chica?,

Fe responde:

—La verdad no me fue tan bien con la primera chica que escogí.

—¿Y tú, Leo?

—Profe a mí no me fue tan mal, pero tengo muchas dudas, creo que por el comportamiento tan misterioso de ellas.

—¡Exacto! —responde el teacher—. De eso se trata, de tener la habilidad, de darse cuenta que ellas dominan el escenario, las decisiones, forman grupos, y son quienes finalmente decidirán si eres aceptado o no. Igualmente darnos cuenta que no solo basta la buena presencia, y los conocimientos que están adquiriendo, si no saberlos usar en el momento, lugar, ante qué tipo de identidad de ellas, poner a prueba su autocontrol para pasar las pruebas que ellas les aplican. Iré asistiéndoles personalmente ante cualquier duda, y desaliento que vayan experimentando, cuando apliquen sus practicas de conquistarlas. No se preocupen, es el inicio de lograr que ustedes sean los primeros adolescentes en ser reconocidos como los "nuevos valores" que esperan todos en el mundo entero, que se vean verdaderos cambios y ellas se sientan felices de tener que escoger a sus galanes entre varones muy atractivos, hábiles, bien vestidos, con muchos valores.

Se verá los cambios, ya lo verán; seguiré enseñándoles los demás secretos de enamorar para que completen sus posibilidades y logren sus objetivos. El Sensei les enseñará los otros secretos para enamorar.

El profesor Adal, demostrando a Leo y Fe, como se enamora

- **EN LA FIGURA DE MODA.** Si sabes aprovechar la publicidad que realizan las diferentes compañías que salen en la televisión, los diarios, revistas y/o medios de comunicación que circulan en el medio de tu amada, deberás revisar que personaje está de moda, que este bien marqueteado, observa con detenimiento los modelos de ropa que usa, el look, el perfume, y los modales que usa. Tienes que convertirte en algo de ello, pero por favor no copies exactamente un modelo, debes poner también tu toque personal, o sea en algún detalle debes colocar tu aporte personal diferenciado, donde armonice con todo lo demás que has adoptado. Verás que al aparecer en la actividad o el lugar que ella frecuenta, impactarás a la primera vista. Deberás observar de reojo como reacciona tu amada para que estés seguro que es la figura de moda que le interesa y desea para ella. Si no has acertado deberás seguir probando hasta que obtengas la repuesta positiva y será cuando ella te busque con la mirada y acepte estar a su lado y mucho más.

- **PREOCUPÁNDOSE POR SUS PROBLEMAS.** El ser humano siempre están necesitando a alguien que le escuche, quizás no en todo momento, pero llega el momento preciso en que lo necesita y no lo grita o lo publica, pero lo tiene guardado. Para que logres ingresar a ser su confidente debes tener mucha paciencia e insistir, pero sin caer apático y molesto. Esta habilidad algunos la poseen de nacimiento, otros tenemos que cultivarlo hasta aprenderlo. Una vez que se domine este método, será muy fácil penetrar en la vida interior de cualquier persona y enterarte de los múltiples problemas, penas, ansias, deseos, desesperación que esta pasando en esos momentos y podrás ser útil y al apoyarlo generarás la necesidad de recurrir a ti. Muchos utilizan este método, y la dependiente tarda o no se da cuenta que es una sumisa, aunque algunos lo saben pero les gusta vivir así.

- **CONVERTIRSE EN El PROTECTOR.** Muchas mujeres/hombres buscan en su ideal pareja al padre, entonces aquel tipo que refleja ese tipo de personalidad paternalista o sea, se le ve seguro, cuando alguien necesita algún apoyo este está presente. Con ella es complacido, cariñoso, lo chochea, ella de seguro que se sentirá atraída y deseará estar con él. Espera encontrar en él al padre que ya no puede tratarla igual que cuando era una niña y/o adolescente. Ahora es toda una mujer y por lo tanto ya no la puede alzar, abrazarla y mimarla como antes, entonces en este tipo espera encontrar lo que extraña y a él si puede dejarle tocar, pedirle sus antojos y finalmente satisfacer todos sus gustos y su galopante deseo sexual.

- **EL PERSISTENTE.** Muchas mujeres se subyugan ante aquellos que son insistentes, llega el momento que ceden se asemeja al dicho "el perro se come la mejor carne", porque este animalito cuando tiene hambre se te acerca te mira fijamente con una expresión que da pena, puede estar varias horas y días hasta que llega el momento que te apiadas y le das de comer, así son los hombres persistentes. Primeramente tienen todo el tiempo del mundo para ellas, segundo hacen lo posible e imposible para estar cerca y en todos los momentos que se sienten solas, incomprendidas, si es posible se convierten en su alfombra, sus aduladores, entonces llega el momento que ellas le dan toda su confianza, soltura y se entregan a ellos.

- **TIRAR LOS PERROS.** Hacerle saber tus intenciones primero suave, en la tercera, tocándola, cogiéndola la mano, el pelo, después con todo a la cuarta, a la quinta hasta que lo lograras conquistarla.

- **EL INDIFERENTE.** Sabiendo que te gusta aquella chica, cuando estás cerca, o lejos de ella no la mires directo, solo de reojo, el método consiste en hacerla creer que para ti, ella no es importante, haciéndola que inicie un interés en saber de ti, ya que todos los demás caen rendidos a sus pies. Entonces es cuando se planea un encuentro casual, en donde ella abrirá sus defensas, te recibirá con curiosidad y gustosa te dará su amistad, hasta desear y aceptar estar contigo.

- **APROXIMACIONES SUCESIVAS.** Cuando es tu enamorada, y no se deja hacer nada, poco a poco acercarte, empiezas por besarla la frente, los labios y llegaras a lo más íntimo, o sea primero debes darle confianza después excitarla lentamente y sin reparos.

El Profesor Adal, les da una pequeña explicación de cómo deberán aplicar estos secretos para conquistar a las mujeres, con las siguientes recomendaciones:

- Primero, deberán observarlas detenidamente desde cerca y lejos.

- Segundo, aplicar los secretos, "Hacerse su Amigo" y "Preocupándose por sus Problemas", para acercarse a ella y descubrir su identidad

- Preparar una plan y programa para conquistarla de acuerdo a su identidad.

- Una vez conocido su identidad aplicarán el plan, utilizando algún "secreto", deberá ir acompañado de su mejor desenvolvimiento de ustedes que será afín al gusto, metas, deseos e intereses de ella.

- Aplicarán todo lo enseñado en las 12 lecciones, ante cualquier duda recurrirán a la relectura de su libro, hasta entenderlo y conseguirlo.

CAPÍTULO DÉCIMO SEGUNDO: FORTALECER EL AUTOCONTROL

La Décima Segunda Lección: fortalecer el autocontrol.

El Autocontrol aplicando la Fe, la Voluntad y la Perseverancia. Controlando las propias emociones, comportamientos, deseos, o simplemente estar tranquilo. Esta capacidad nos permite afrontar cada momento de la vida con mayor serenidad y eficacia. Les dice:

- Todo lo que vayan aprendiendo agradézcanle a Dios, y pídanle de todo corazón que les de valor, voluntad, y perseverancia para lograr el éxito en lo que hayan decidido emprender

- Recuerda, cuando pongan en práctica las lecciones y no te salgan como el Profe lo explica, no desmayes y vuélvanlo a intentar hasta que lo logren y cuando comiencen a tener resultados sentirás tal gozo y confianza en ti mismo que tu auto estima se elevará al objetivo más alto de tus metas.

- Tener autocontrol significa tener la capacidad de controlar emociones, sentimientos y deseos con el fin de obtener un beneficio mayor en el futuro.

- El manejo de emociones y sentimientos es la habilidad para enfrentar situaciones que se vive cotidianamente en las cuales se ponen en juego lo que sentimos y lo que nos emociona. Reforzar esta habilidad, permitirá ser más sensibles para reconocer y comprender las emociones de los demás

- Veamos los Componentes básicos del autocontrol en forma de hábitos[18]:

  - "Controla tus emociones, evitar tener emociones y pensamientos negativos

  - Controlar la actitud, para controlar la conducta siempre

  - Controlar el Nerviosismo, para controlarnos a nosotros mismos

  - Sé paciente contigo mismo, usar la paciencia y persistencia

  - Quiérete, así mismo para sortear con persistencia todo problema

  - Adquirir el Auto Control para conseguir tus objetivos".

Adquirir el Auto Control para conseguir tus objetivos

---

18 https://www.sebascelis.com/autocontrol/. Auto control todo lo que necesitas saber- Autor: Juan Sebastián Celis Maya. Señalado con (" ").

CAPÍTULO DÉCIMO TERCERO: REFORZANDO LAS LECCIONES APRENDIDAS

La Décima Tercera Lección: reforzando las lecciones aprendidas.

Seguidamente el Sensey les pide que deberán continuar con aplicar lo aprendido poniéndolo en práctica, desde ese momento en adelante. Aplicaciones prácticas de los estudiantes asistidos.

13.1 PRÁCTICAS Y/O EXPERIENCIAS DE FE

- Fe inicia sus prácticas con Johana "La Sensual". Ella estudiaba en un colegio privado, era bonita, siempre andaba con sus amigas casi nunca sola. A él le fascinaba mirarla desde lejos, pero no sabía cómo acercársele; solo tenía pensamientos diarios esperanzado en como estar junto a ella. Un día, sin pensarlo, se encontraron frente a frente y ella le pregunto dónde quedaba la calle San Martin. El, nervioso, le indicó que estaba al frente de ella. Esta le pidió por favor la acompañara, porque no conocía. Él se prestó a conducirla y recién pudo hablar con Johana, desde ese día se hicieron amigos, él la esperaba cuando salía de su instituto y la acompañaba. Fe empezó a practicar deporte, estaba muy motivado, se inscribió en un gimnasio de su barrio, quería obtener un cuerpo esbelto. Pensó: "Ojalá que con unos músculos de más le impacte". Al mes de frecuentar, recordó que el físico tenía que ir acompañado de una ropa especial, empezó a ver los comerciales de la TV y buscÓ pantalones jeans, camisas de colores, el perfume que estaba DE moda del momento. Cuando se presentaba frente a Johana, trataba de ensayar nuevas poses de Adonis, ella cuando él no la miraba se volteaba y sonreía.

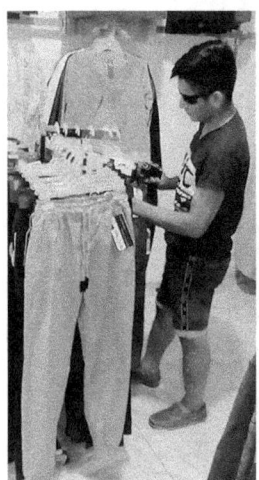  

Fe empieza por cambiar su imagen para iniciar sus conquistas

- Natalia "la Bailarina", era una chica muy alegre, de unos 16 añitos, gustaba de estar de fiesta en fiesta, en una de estas Fe la conoció, le encantÓ verla bailar muy sensual. Se dijo para sí mismo: "creo que para llegar hacia ella debo aprender lecciones de baile". Se inscribió en una academia de baile, para aprender salsa, música urbana, etc. Asistía religiosamente hasta que empezó a dominar los pasos, entonces Leo le invitó al cumpleaños de una amiga, la casa de esta estaba muy concurrida. Fe se había vestido con ropa de la última moda, entonces empezó el baile y el dejó que los demás chicos se lucieran. Miraba de reojo a Natalia, hasta que esta se sentó a conversar con sus amigas y cuando sonó una canción muy expresiva, entonces se dijo es el momento de mostrar mis clases de baile y acercándose a Luz, la invitó a salir a bailar.Agarrándola de su mano la invito al centro de la pista y empezó a contornearse, fijándose de reojo que Natalia le pusiera atención. Y realmente como había aprendido a bailar muy bien y era el baile del momento, logró que ella lo observara y realmente a esta le gustó. Todos querían bailar con ella y él no la sacaba. Claro, ¡estaba aplicando la lección del Profe¡ o sea la indiferencia. Cuando esta menos pensó, estando parada junto a sus amigas le agarro de la mano, y la sacó a bailar, ella volteó y sorpresa era Fe. Pero que alegría bailar con el mejor bailarín de la noche, encantada bailo al ritmo de este, desde ese momento quedo impactada, hasta que a la salida le declaró su amor. ¡Eureka! logró su primera conquista.

Fe, poniendo en práctica sus clases de baile y enseñanzas

13.2 PRÁCTICAS Y/O EXPERIENCIAS DE LEO

- La Sobrada. Azucena. Leo inicia sus prácticas, ella era de familia arequipeña, casi todo el día estaba en su casa, salía al colegio, la iglesia, y acompañar a sus tíos porque vivía en casa de estos. Leo, siempre la veía cuando pasaba frente a su casa, tanto fue el verla continuo que le gusto, y fue cuando se interesó en conocerla. La veía como una chica hermosa e interesante, no sabía cómo abordarla, planificó muchas veces el acercársela, hasta que un día entablaron conversación. Desde ese momento se hicieron amigos, ella casi siempre le conversaba de sus estudios y poco de salir el tiempo que practicaban era de unas cuantas cuadras. Leo creía que le gustaba, el seguía asistiendo a las lecciones del Profe Adal, tenía que poner en práctica lo enseñado. Entonces decidió declararse ante tan bella chica, fue un día de frio, el cálculo que lo que tenía que decirle le llevaría unos 20 minutos. Entonces empezó diciéndole, bueno, Azucena, te tengo que decir algo importante, y ella le dijo que será Leo; y él le tomo del hombro y le dijo detente un momento por favor, y ella le contestó para qué. En esos precisos momentos recordaba todas las lecciones enseñadas le recorrían por su mente como una película a una velocidad de 100 revoluciones por segundo, y trataba de escoger las frases más apropiadas, pero estaba tan nervioso que atino solo a decir, quiero confesarte que me he enamorado de ti, Azucena, y deseo que seas mi enamorada. Al decir estas palabras sus manos empezaron a transpirar, sus piernas le empezaron a temblar, hablo entre quebrado, ella le miraba sorprendida, y le contesto, Leo, la verdad que no esperaba que me dijeras esto, yo no sé qué decirte, tú me gustas pero no puedo aceptarte. Él, sorprendido y temblando le replico, porque me dices eso no te das cuenta que estoy enamorado de ti. Ella le explico que claro tú me gustas pero es que no puedo aceptarte, y él le reclamo pero porqué, acaso no te gusto. Y ella no es eso, te voy a contar y él le dijo cuéntame; si yo te acepto no sé por cuánto tiempo será ya que mis padres cuando termine de estudiar me mandaran a los Estados Unidos, y no me gustaría que sea un amor lejano, por eso no te puedo aceptar.

Él le insistió, tratando de convencerla que tenía que aceptarle, pero en su mente brillo una luz, dándose cuenta que no estaba aplicando los métodos enseñados por el Profe. Y entonces recodo que en su pantalón llevaba una mandarina, entonces una idea fugaz paso por su mente, entonces ante la desesperación, aplicó la lección de "si no le convences con las palabras entonces será por el llanto".

Y sin que ella se diera cuenta peñizcó un pedazo de cáscara de la mandarina, llevándola a sus ojos exprimió el jugo de esta en sus ojos, provocando la salida de sus lágrimas, volteándose hacia ella murmuro palabras como; no puede ser yo que me he enamorado tanto de ti, y no me aceptas, ¡porque¡ y cabizbajo repetía esas palabras. La había conmovido y levantándole la cabeza se quedó estupefacta al ver que Leo estaba llorando, y su corazón tierno de mujer, le hizo que le pidiera perdón y le dijo, está bien acepto ser tu enamorada, no llores por mí por favor. Leo había conseguido su primera conquista, aunque con un poco de ayuda, claro guiado por las lecciones aprendidas del profe, con más entusiasmo prosiguió asistiendo a las lecciones para seguir preparándose.

Leo, en su primera conquista, le fue difícil, pero lo logró

- Leo continúa sus prácticas con Gladis, La Dulce, era una preciosa adolescente de dieciséis años, era estudiante de quinto año de secundaria. Un día Leo cumplía como brigadier, en poner orden en las filas de alumnos, después ingresó a un aula, se sentía cansado, se recostó en una carpeta mientras fuera del aula se llevaba a cabo un acto cívico patriótico. Era el día de la bandera, sobre un estrado se sucedían las diferentes actuaciones de los alumnos, estaban cantando bailando. Ante tanto bullicio, Leo abre la puerta, asoma su cabeza y mirando al fondo observa un estrado, y allí una figura de mujer toda de blanco, la cual impávida con los brazos abiertos, sin movimiento alguno como una estatua. De repente ambos fijan sus miradas, estaba sorprendido se decía a si mismo ¿Qué será ese monumento de color blanco? De repente empieza a moverse, era una linda chica, desde ese momento quedó impresionado de ella. Al otro día empezó a averiguar de aquel monumento, hasta que se enteró que estaba en el aula S, mirándola de cerca era tan linda, y Dulce le había gustado. ¿Qué método emplearía para enamorarla? Estaba aprendiendo a identificar las identidades de ellas, tenía que estudiarla, recordaba las lecciones, era hora de ponerlo en práctica.

Aplicando lo enseñado por el Profe, elaboró un plan que aplicó diariamente. Con la facilidad que tenía de ser brigadier, aprovechó para así llegar hasta el aula donde se encontraba ella. La miraba de cerca, recordaba los tipos de identidades que existen, los que una mujer utiliza y la verdadera identidad que tendría Gladys. Pasaron varios días observándola, entonces decidió aplicar uno de los secretos de enamorar, aplicaría el secreto de "Ingresando en su vida". Había estudiado el tipo de identidad que usaba, identificó cinco tipos: era muy "ingenua", confiaba en todos, sana en su forma de pensar y actuar, otras veces era "Cándida" tierna, suave en su mirar, de sublime rosto, alma limpia y también se mostraba "Engreída", le gustaba que le hagan sus gustos, la traten de mi princesa, mi reina, en especial era Dulce. Tenía una mirada y trato muy amable, muy pocas veces se molestaba, caía agradable a casi todos, muy colaboradora, tierna de dulce mirar y hablar. Y, finalmente, era "Fugaz" se la veía en su aula, con sus amigas seleccionadas caminando por el patio, y de repente desaparecía, para asomar por cortos tiempos.

Paso seguido debería saber sus gustos, costumbres, hábitos, etc., con el fin de una vez conocido los pormenores de ella, ingresar en su vida, pero de poco a poco, este debe ser de casualidad, hay que buscar un motivo y/o escusa sin que ella se dé cuenta que estas interesado,

Como estudiaban en el mismo colegio debería ingresar en el círculo de sus amistades, entonces se valió de una de sus amigas, con el pretexto de buscarla llego hasta la puerta de su aula justo cuando Gladys estaba allí, y entonces le preguntóo ¿amiga disculpa, acá estudia Berenice? Ella sorprendida de verlo tan cerca ya que este había estado merodeando varios días cerca, pero era la primera vez que estaba tan próximo, se puso nerviosa y solo atino a contestar "si, aquí estudia". Continuo "¿le has visto, podrías avisarla que necesito hablar con ella?", contesto ella "claro, le avisare". Y antes que parta le pregunto "¿tú eres quien represento a la madre patria?", ella nuevamente sorprendida solo le quedo contestar "si yo fui". Entonces él le sonrió mirándola a los ojos fijamente, ella se ruborizo y emprendió sus pasos hacia Berenice. Ese día fue el de cercamiento.

Otro día Gladys necesitaba que le reforzaran algunas clases de matemática, ella estaba inquieta entonces Berenice viéndole pasar a Leo, le llamo "¡amigo nos puedes repasar algunos temas de matemática, no seas malo apóyanos!". Había llegado el momento de ser útil, el que solucionaría sus dudas, entonces este exclamo "¡claro, dime que temas les refuerzo!". Entonces, por fin, le presentaron a Gladys, se acercó tocándola suavemente su hombro, le dio un beso muy fino en su rostro, murmurando muy cerca de su oído, "es un gusto ser tu amigo". Desde ese día, cuando pasaba por el frontis del aula S, saludaba a Gladys, un día se ofreció a acompañarlo a su casa y esta acepto.

En el transcurso de los meses la acompañaba hasta que el sentía que ella respondía. Leo estaba aprendiendo a volverse experto en identificar las señales de alerta. Observando sus gestos se había dado cuenta que le caía bien e interesaba, cada vez que pasa frente a ella se agarra el cabello, no se sabe a ciencia cierta porque lo hacen, pero es un indicador infalible que estas en su mente. Al mirarla fijamente, si se ruborizan era señal que tenía que atacar, estaba encantada. Llego el día que Leo se lanzó, estando en un parque casi solo, este le declara su amor, ella sin mediar ni reparar en nada acepta a ser su enamorada. Leo había conseguido su segunda conquista.

Leo, en su segunda conquista, fue normal y seguro

La Bailarina Jesús. Era una linda adolescente alta y delgada, muy dulce y alegre, le gustaba participar en las actuaciones, bailaba espléndidamente, le llego a gustar y era tiempo de poner en mente el plan para conquistarla, empezaría por saber cuál era su tipo de personalidad, aplicaría un método de enamorar hasta llegarla a conquistar.

Lo primero que aplicó fue el método de "echar maicito", o sea acercarse con presentes del más simple al más complejo. En el trayecto Leo fue identificando la verdadera identidad de Jesús, le acompañaba hasta cerca de su casa casi a diario. Hasta que evaluando las señales de ella se animó a declararse, estando caminando por un lugar solitario le agarro de la mano y mirándola fijamente entre sus dos ojos, de acuerdo a lo que le había enseñado el Profe "recuerden les dijo, practicar el arte de la mirada perfecta es para llegar a aturdirla y dominarla mentalmente, de tal manera que aceptaran casi todo lo que le propongan", le dijo "me he enamorado de ti, desde que vi por primera vez me encantaste con tu figura y movimientos al bailar tan bonito". Ella no dudó en aceptarlo y sellaron su amor con un gran beso.

Verónica. La Amiga brigadier. Leo iba aprendiendo rápidamente, practicaba diariamente las 12 lecciones, los principios que nunca deberán olvidar. Como él tambien era brigadier se reunía con los demás brigadieres escolares

A él le llamaba mucho la atención la brigadier general Verónica, una chica muy temperamental, la ubico como "la rabiosa" o la mujer que no contiene la cólera y reniega mucho pero, en el fondo es "La Amiga", porque siempre estaba dando consejos, estaba pendiente de sus problemas y se prestaba para ayudar; las escolares mujeres le tenían temor, pero con Leo era dócil y amable.

Este se preguntó ¿esta chica me gusta mucho ¿como la llegare a conquistar si es muy seria?, entonces escogio el metodo "Preocupándose por sus problemas" el cual afirma que "el ser humano siempre están necesitando a alguien que le escuche quizás no en todo momento pero llega el momento preciso en que lo necesita y no lo grita o lo publica pero lo tiene guardado, para que logres ingresar a ser su confidente debes tener mucha paciencia e insistir pero sin caer apático y molesto, al lograr penetrar en la vida interior de cualquier persona y enterarte de los múltiples problemas, penas, ansias, deseos, desesperación que esta pasando en esos momentos, podrás ser útil y al apoyarlo generaras la necesidad de recurrir a ti, muchos utilizan este método, y la dependiente tarda o no se da cuenta que es una sumisa, aunque algunas lo saben pero les gusta vivir así.

Esta planeación le dio resultado, llego el dia en que le confio muchos de sus confidencias, le buscaba, llamaba, hasta que cuando Leo se declaro ella gustosa le acepto, porque según confio a una de sus amigas Leo, era un chico muy atractivo, tenia una fina personalidad, porte, le gustaba su mirar, su voz masculina, era con ella comprensivo, paciensioso, cariñoso; habia conseguido entrar en ella y conquistarla plenamente.

Las otras conquistas de Leo, durante sus prácticas

CAPÍTULO DÉCIMO CUARTO: RESULTADOS DE LO APRENDIDO

14.1 NUEVA IMAGEN QUE LOS DISTINGUE DE LOS DEMÁS

Por fin después de tanta practica van viendo sus resultados, mejoran al 70 % de eficiencias como galanes, los resultados en diferentes situaciones de sus vidas se van notando claramente, ya son universitarios y destacan en su medio, aplican otras experiencias, como las recomendadas en los libros, "la vaca", "Historia de un soñador", "El secreto de las siete semillas", etc, pasan diferentes experiencias de vida

Se separan y cada uno tiene un destino diferente. Federico logra tener una personalidad atrayente, termina su carrera de Gerencia en Innovaciones y forma una familia feliz.

Fe, en su oficina de gerente de Innovaciones

Leonardo al igual que Fe, las 12 lecciones enseñadas por el amigo Adal, constituyeron los Secretos para Conquistar a las mujeres, y su formación personal, que le dieron magníficos resultados en el Amor, los Estudios y todo lo emprendido.

Después de varios años se reencuentra con Alessia, empiezan a salir, haciéndose enamorados y llegan a casarse, tienen dos hijos entonces decide escribir los "Secretos para Conquistar a una Mujer" como un "manual de Auto Ayuda Personal" ya que sus hijos han empezado a entrar en la pubertad y siente que debe apoyarlos para que no pierdan su tiempo en estar detrás de los enamoramientos y triunfen en la vida.

Así también, para que les sirva a todo adolescente, joven y persona en general al leer este manual a mejorar el comportamiento social, tan venido a menos en los últimos tiempos, obtener un carisma atractivo, y afinidad entre las personas. Finalmente, demostrar que el dominio, eficiencia y eficacia del comportamiento personal en la sociedad serán algunos de los secretos para triunfar en la vida.

14.2 DESENLACE DE FE, LEO Y ALESSIA:

Se presentan fotos de Alessia con Leonardo.

El Matrimonio de Alessia con Leo

ANEXOS

HOJA N° 01

N° ITEM	DESCRIPCION DE TAREAS	DURACION (días)	MES DE FEBRERO								MES DE MARZO							
			SEMANA 1		SEMANA 2		SEMANA 3		SEMANA 4		SEMANA 5		SEMANA 6		SEMANA 7		SEMANA 8	
			Inicio	Fin	Inicio	Fin	Inicio	Fin	Inicio	Fin	Inicio	Fin	Inicio	Fin	Inicio	Fin	Inicio	Fin
I	ELABORAR PROGRAMACION DE LECCIONES	7	01/02/20	07/02/20														
1.1	PROGRAMAS LECCIONES	2	01/02/20	02/02/20														
1.2	DEFINIR OBJETIVOS ESTRATEGICOS	2	03/02/20	04/02/20														
1.3	ELABORAR INDICADORES	2	05/02/20	06/02/20														
1.4	ELABORAR METAS	1	07/02/20	08/02/20														
II	DESARROLLAR LECCIONES	66																
2.1	PRINCIPIOS VALORES Y REQUISITOS MINIMOS	7			08/02/20	15/02/20												
2.2	HABITOS OBLIGATORIOS PARA TRIUNFAR	7					16/02/20	23/02/20										
2.3	ALIMENTACION EJERCICIOS FISICOS Y MENTALES	7							26/02/20	02/03/2020								
2.4	APRENDIENDO A BAILAR	7									01/03/20	07/03/20						
2.5	CULTIVAR LA BUENA LECTURA	7	01/03/20	07/03/20														
2.6	DOMINAR LA ORATORIA Y LA MIRADA PERFECTA	7															24/03/20	30/03/20
2.7	TIPOS DE IDENTIDAD	7											08/03/20	15/03/20				

HOJA N° 02

N° ITEM	DESCRIPCION DE TAREAS	DURACION (días)	MES DE ABRIL								MES DE MAYO							
			SEMANA 9		SEMANA 10		SEMANA 11		SEMANA 12		SEMANA 13		SEMANA 14		SEMANA 15		SEMANA 16	
			Inicio	Fin	Inicio	Fin	Inicio	Fin	Inicio	Fin	Inicio	Fin	Inicio	Fin	Inicio	Fin	Inicio	Fin
2.8	PERFECCIONAR EL TRATO CON LAS MUJERES	7													16/05/14	23/05/14		
2.9	FORMACION DEL CARISMA Y LA SOCIALIZACION	7	08/04/16	15/04/16														
2.10	LAS SEÑALES DE ALERTA	7			16/04/16	23/04/16												
2.11	METODOS DE ENAMORAR	7							24/04/16	30/04/16								
2.12	FORMAR EL AUTOCONTROL	7									01/05/16	07/05/16						
2.13	REFORZANDO LAS LECCIONES APRENDIDAS	7																
2.14	RESULTADOS DE LO APRENDIDO	7																
III	EXAMENES, SEGUIMIENTO Y MONITOREO	21																
3.1	TOMAS EXAMENES DE APLICACION DE LECCIONES	7											08/07/14	15/07/14				

ANEXO N° 2:   PROGRAMACION DE LECCIONES

N° ITEM	TAREAS		DURACION Días	MESES							
				FEBRERO		MARZO		ABRIL		MAYO	
	NUMERACION	DESCRIPCION DE LECCIONES		Inicio	Fin	Inicio	Fin	Inicio	Fin	Inicio	Fin
1	I LECCION	PRINCIPIOS VALORES Y REQUISITOS MINIMOS	7	08/02/20	15/02/20						
2	II LECCION	HABITOS OBLIGATORIOS PARA TRIUNFAR	7	16/02/20	23/02/20						
3	III LECCION	APRENDIENDO A BAILAR	7	24/02/20	29/02/20						
4	IV LECCION	ALIMENTACION EJERCICIOS FISICOS Y MENTALES	7			01/03/20	07/03/20				
5	V LECCION	CULTIVAR LA BUENA LECTURA	7			08/03/20	15/03/20				
6	VI LECCION	DOMINAR LA ORATORIA Y LA MIRADA PERFECTA	7			16/03/20	23/03/20				
7	VII LECCION	TIPOS DE IDENTIDAD	7			24/03/20	30/03/20				
8	VIII LECCION	PERFECCIONAR EL TRATO CON LAS MUJERES	7					01/04/20	07/04/20		
9	IX LECCION	CULTIVAR UN DISTINTIVO ESENCIAL	7					08/04/20	15/04/20		
10	X LECCION	LAS SEÑALES DE ALERTA	7					16/04/20	23/04/20		
11	XI LECCION	METODOS DE ENAMORAR	7					24/04/20	30/04/20		
12	XII LECCION	FORMAR EL AUTOCONTROL	7							01/05/20	07/05/20
13	XIII LECCION	REFORZANDO LAS LECCIONES APRENDIDAS	8							01/05/20	07/05/20
14	XIV LECCION	RESULTADOS DE LO APRENDIDO	9							01/05/20	07/05/20

PARTES DE CADA LECCION:
DATOS GENERALES Y ESPECIFICOS
ANTECEDENTES
MATERIALES Y RECURSOS
OBJETIVOS Y METAS
ANALISIS DE CADA META
CONCLUSIONES Y RECOMENDACIONES

N° 1:   PLAN Y PROGRAMACION DE TRABAJO DE UN ADOLESCENTE

HOJA N° 01

N° ITEM	DESCRIPCION DE TAREAS	DURACION (días)	MES DE FEBRERO											
			SEMANA 1								SEMANA 2				
			Lunes01	Martes02	Miercoles03	Jueves04	Viernes05	Sabado06	Domingo07	Lunes08	Martes09	Miercoles10	Jueves11	Viernes12	Sabado13	Domingo14
1	DESARROLLAR PROGRAMACION DE TAREAS	27													
1.1	OBJETIVOS A LOGRAR EN 6 MESES	5													
1.1.1	En los Estudios	1		02/02/20	03/02/20										
1.1.2	En el Deporte	1		02/02/20	03/02/20										
1.1.3	En el Desarrollo Personal	1			03/02/20	04/02/20									
1.1.4	En un Proyecto Nuevo	5			03/02/20	04/02/20	05/02/20								
1.2	OBJETIVOS A LOGRAR EN LOS ESTUDIOS	7													
1.2.1	Programar mis Tareas y lograrlas al 90%	4		02/02/20	03/02/20										
1.2.2	Obtener notas aprobatorias de todos mis cursos	1		02/02/20	03/02/20										
1.2.3	Ser un Estudiante sobresaliente	5					05/02/20							15/02/20	
1.2.4	Ser Sociable Aplicando los Valores	1													
1.3	ACTIVIDADES A DESARROLLAR EN CASA	5													
1.3.1	Programar mis Tareas domesticas	2	01/02/20	02/02/20											
1.3.2	Participar de reuniones familiares	1		02/02/20	03/02/20										
1.3.3	Programar Ejercicios Fisicos hasta Inicio de clases	1			03/02/20										
1.3.4	Practicar los Secretos para conquistar a las mujeres	1		02/02/20	03/02/20	04/02/20									
1.4	DIVERSAS TAREAS A CONSEGUIR	7													
1.4.1	Seleccionar la ropa a usar para cada ocasión	3													
1.4.2	Practicar bailes y Oratoria	1					04/02/20								
1.4.3	Conseguir nuevos amigos y leer libros	1												16/02/20	
1.4.4	Investigar novedades por internet	2													

www.ingramcontent.com/pod-product-compliance
Lightning Source LLC
LaVergne TN
LVHW011729060526
838200LV00051B/3094